Anatomy of the state
국가의
해부

Anatomy of the state

국가의 해부

개정판 1쇄 발행 2025. 7. 20.
　　　 2쇄 발행 2025. 8. 6.

지은이 김경훈, 한창헌, 전계운
펴낸이 김병호
펴낸곳 주식회사 바른북스

편집진행 김재영
디자인 김민지

등록 2019년 4월 3일 제2019-000040호
주소 서울시 성동구 연무장5길 9-16, 301호 (성수동2가, 블루스톤타워)
대표전화 070-7857-9719 | **경영지원** 02-3409-9719 | **팩스** 070-7610-9820

• 바른북스는 여러분의 다양한 아이디어와 원고 투고를 설레는 마음으로 기다리고 있습니다.
이메일 barunbooks21@naver.com | **원고투고** barunbooks21@naver.com
홈페이지 www.barunbooks.com | **공식 블로그** blog.naver.com/barunbooks7
공식 포스트 post.naver.com/barunbooks21 | **페이스북** facebook.com/barunbooks7

ⓒ 김경훈, 한창헌, 전계운, 2025
ISBN 979-11-7263-494-0 93330

• 파본이나 잘못된 책은 구입하신 곳에서 교환해드립니다.
• 이 책은 저작권법에 따라 보호를 받는 저작물이므로 무단전재 및 복제를 금지하며,
　이 책 내용의 전부 및 일부를 이용하려면 반드시 저작권자와 도서출판 바른북스의 서면동의를 받아야 합니다.

ⓒ 2009 by the Ludwig von Mises Institute.

Reprinted 2013 under the Creative Commons Attribution
License 3.0.

http://creativecommons.org/licenses/by/3.0

Ludwig von Mises Institute
518 West Magnolia Avenue
Auburn, Alabama 368

Korean Translation Copyright ⓒ 2021 by the Ludwig von Mises Institute Korea. Translated with permission.

이 책은 저작권자인 미국 미제스 연구소(The Ludwig von Mises Institute)의 허락을 받아 번역 그리고 출판한 책이고, 전자도서(e-book)에 한하여 무료도서로 비독점적(non-exclusive)입니다.

Anatomy of the state

국가의 해부

국가주의에 대한
근원적 진단과 대안

머레이 N. 라스바드
지음

김경훈 · 한창헌 · 전계운
옮김

바른북스

ANATOMY OF THE STATE

Murray N. Rothbard

The Ludwig von Mises Institute Korea
한국 미제스 연구소

한국의 자유주의 그리고 오스트리아학파 운동을 지원하기 위한
국제적 협력과 재정적 지원을 제공해주신
미제스 연구소의 쏘 비숍(Tho Bishop)과 브렛 린델(Brett Lindell)은
이 책의 초판이 출판되는 데 결정적인 도움을 주셨습니다.

아울러, 미국의 최대 오스트로-리버테리언 정치단체
자유당 미제스 코커스(Libertarian Party Mises Caucus)의 집행위원인
데이비드 하이네스(David Hynes) 씨는 자유당 미제스 코커스에
한국 미제스 연구소의《국가의 해부》펀드 프로젝트를
알리는 데 많은 노력을 기울여주셨습니다.

그 결과 로이 구디노(Roy Gudino) 씨 같은 훌륭한 후원자를 만날 수 있었습니다.
그는 정부가 얼마나 문제 있는 존재인지 한국인들이 알아야 한다며
그러기 위해서는 이 책을 읽어야 한다고 이 프로젝트에
적극적인 재정적 지원을 해주셨습니다.

Tho Bishop from the Mises Institute and Brett Lindell provided international cooperation and financial support to promote the Austro-libertarian movement in Korea and publish this book.

In addition, David Hynes, an executive member of the Libertarian Party Mice Caucus, the largest Austro-Libertarian political group in the United States, has worked hard to publicize the "Anatomy of the State" fund project of Mises Institute Korea to the Libertarian Party Mises Caucus.

As a result, we met great sponsor such as Roy Gudino. He gave active financial support to this project, saying that South Koreans should know why the government always problem.

복간 프로젝트의 기여자들

이 책의 복간을 위해 힘써주신 Bitcoin Social Layer, 지분전쟁 그룹, 익명의 기부자분들께도 특별히 감사를 드립니다.

기여자 명단은 다음과 같이 작성되었습니다.

이수창, 필레몬, 바우키스, Hard rock, 정리아, 더하기, 포우팀, 김한서, 1분 비트코인

Hodu, Satoshian, 머레이, 정웅진, @hodlian, 이은상, 이홍주, Rothko, 박영, 박주현, 비트에 미치다

Hugo, 아토믹 비트코인, Tteok_Gu, 천우희, 황성부, HYPE, 김준일, 임정민, 윈터펠, 정어리의 수요 없는 공급, 부꿈쓰, 한입 비트코인, 네딸바, 육종찬, 다내꺼, MR.B, 마지노선, 박로그, ZION, BigMac & Whopper, 김보훈, move B, Hagen, BigPicture, 이현, 셀프카스타드, Carat2030, 앙꼬, 여지상, 사복근장, Max, 안뿌러질, 스펙터 비트코인, 고전파, 변정희, 박기원, 이형우, 카니구키(하트살인마), jjae557, BTC_앵닥, 포도구름, norsa, 곽태영, 리스펙, Buzz, 람캄@RamKham60, 김용준, 비트벌새, 이화섭, Yagadaraito, 유민석, YouDie, 장호성, promenade, JOECOFFEELAB, 베스트파더, 백경곤, REDSON, SAPIENS, 고덕윤, Wouldme, 비트거사, 마사와, @myjejehs, 경제준, TeslaBIT, 장필호, 태영, 김명준, 신라의화랑 관창이다, meko_np, 이소, 올리브주연재홍, 이안,이서에게 자유와 희망을 알려주고 싶은 아빠, 이윤서, 필립팜, 최한비, Min sang Kwon, 김선우(Plan B), 로뎀, CHOI수도승, 최연승, 사효진, Haesseugtadeu, @cheonan, 박세욱, 라이프이스굿, 정진실, 달구달룡, 이보람, Bengi, 이찬희, 안석호, ㅇㅇ, 함윤석, 김요한, David Lim, 이선준, 김한승, Ashton. J.H.Yeo, Mochilero con La Vida Libre

The greatest danger
to the State
is independent
intellectual criticism.

Murray N. Rothbard

국가가 마주하는
가장 큰 위협은
독립적인 지적 비판이다.

머레이 N. 라스바드

한국어판 서문

《국가의 해부》는 머레이 라스바드의 1974년 대작《자연에 대한 반란으로서의 평등주의》(Egalitarianism as a Revolt Against Nature, and Other Essays)의 한 장을 발췌하여 출판한 것이다. 라스바드 박사는 '자유'와 '재산권' 이론이라는 메스를 가지고 국가가 어떻게 성립되어왔는지, 어떻게 스스로를 유지하는지, 그리고 어떻게 '권력 제한' 장치에서 벗어나는지 정밀한 '해부'를 함으로써 우리에게 신선한 충격을 안겨준다. 그의 분석은 시종일관 단 한 가지 결론만을 유도한다. 국가의 존재는 결코 정당화될 수 없다. 국가는 동의가 아닌 정복과 착취에서 탄생했기 때문에 역사상 그 어떤 마피아보다 더 성공적인 범죄적 조직이다.

독자 여러분들은 라스바드 박사의 관점에서 국가를 바라본 적이 없을 것이다. 우리가 국가주도의 공교육 시스템 안에서 민주시민으로 성장하도록 교육을 받아왔기 때문이다. 역사 교육에서 국가의 출현과 쇠퇴 과정을 자연적이고 질서적인 것으로 묘사함으로써 우리로 하여금 국가의 존재에 대해 의구심을 갖지 못하도록 만들었다. 사회 교육과정에서 국민의 4대 의무, 대의제 같은 개념들로 국가의 역할을 절대적인 것으로 보이도록 만들었다. 우리에게 '민주정(Democracy)'과 '국가'가 '사회에 필수적인 기관'이라는 국가주의적 인식은 상식으로 자리 잡았다.

사실, 이런 개념들은 틀린 것이다. '민주정' 다수결 제도는 언제든 자유와 재산권을 침해할 가능성이 매우 높다. 국가는 자유와 재산권 침해를 통해서만 생존이 가능하므로 반(反)사회적이고 반(反)자본주의적이다. 따라서 올바른 상식은 '민주정'이 최고선(善)이고, '국가'가 사회에 필수적 기관이라는 것이 아니라 '자유'와 '재산권'이 되어야만 한다. 오직 '자유'와 '재산권'만이 국가주의가 만들어낸 문명 파괴적 재앙에서 벗어날 수 있다.

라스바드 박사는 국가에게 가장 큰 위협은 독립적인 지적 비판이라고 설명한다. 《국가의 해부》는 일곱 가지 해부를 통해 독립적이고 비판적 시각을 갖도록 도와준다. 또한, 이 책에 수록되어있는 부록은 여러분들이 필연적으로 가질 수밖에 없는 의문인 "국가가 없다면 사회는 어떤 식으로 작동하는가?"를 해소하는 출구가 되어줄 것이다. 그리고 이 책의 저자 라스바드 박사의 생애와 업적을 알 수 있는 좋은 기회가 될 것이다.

한국 미제스 연구소 대표
전계운
2021.11.04

역자 서문
(개정판)

2022년에 출판된《국가의 해부》초판이 3년도 채 지나지 않아 절판되는 뜻밖의 일이 벌어졌다. 이 책은 주류 정치 담론과는 거리가 멀고, 무겁고 날카로운 내용을 담고 있기에, 적어도 10년은 지나야 겨우 소진될 것이라 예상했던 필자에겐 놀라운 일이었다.

아마도 양당 정치에 대한 극심한 피로와 무기력, 그리고 그 틀을 넘어선 새로운 사고와 대안을 모색하려는 움직임이 독자들을 이 책으로 이끈 것일지 모른다. 갈수록 날카로워지는 국가 권력의 침투와 그에 대한 본능적 반감이, 라스바드라는 천재 사상가의 철저한 분석을 필요로 했던 것이다.

또 한편에서는, 비트코인을 매개로 자유의 철학에 다가선 이들이 있었다. 이들은 통화의 탈국가화를 상징하는 비트코인을 넘어, 그 철학적 토대와 세계관을 탐구하게 되었고, 리버테리어니즘과 오스트리아학파 경제학을 접하게 되었다.《국가의 해부》는 그 탐구의 첫 문이었고, 많은 이들이 그 문을 열기 시작했다. 더 많은 이들이 그 문을 함께 열 수 있기를 바라며, 많은 독자들은 복간을 갈망해 왔다.

이 책의 복간은 참으로 시의적절하다. 이는 지난해(2024년)의 비상계엄 사태와 새로운 대선을 둘러싼 모든 상황이 국가 권력을 축소하기보다는 더욱 확대하는 방향으로 작용했기 때문이다. 그 결과 우리는 또다시 '더 큰 정부'라는 현실과 마주하게 되었다.

정부의 권력이 커질수록, 일반 시민들—특히 인플레이션의 부담을 짊어지는 사람들—의 삶은 점점 더 어려워지고, 반대로 권력의 주변에 있는 소수—인플레이션으로 이익을 보는 자들—는 더 큰 혜택을 누린다. 이 같은 구조는 양극화를 심화시키고, 사회를 점점 더 지속 불가능한 방향으로 몰고 간다. 우리가 파국을 피할 수 있을지 장담할 수는 없다.

그러나 위기는 언제나 기회를 품고 있다. 만약 이 책이, 토머스 페인의 《상식》이 미국 독립혁명을 촉발했던 것처럼, 사람들의 의식 속에 지식의 불꽃을 일으킨다면, 그것은 분명히 거대 권력에 맞서는 새로운 지적 혁명의 단초가 될 것이다. 머레이 라스바드 박사가 말했듯, "국가가 직면한 가장 큰 위협은 독립적인 지적 비판"이기 때문이다.

이 책은 아나코-캐피탈리즘을 이해하는 데 있어 최고의 입문서라고 자부한다. 독자 여러분께서는 이 책을 진중하게, 그리고 여러 번 곱씹어 읽으며 스스로의 사고를 단련하는 기획으로 삼기를 바란다. 이것이야말로 라스바드 박사가 남긴 지적 유산에 대한 가장 깊은 경의이자, 우리가 자유를 되찾는 첫걸음이 될 것이다. 국가라는 허상을 꿰뚫는 그의 사상은, 그렇게 당신의 의식을 깨울 것이다.

한국 미제스 연구소 대표 전계운
역자를 대표해서 쓰다
2025.06.04

목차

한국어판 서문

역자 서문(개정판)

국가는 무엇이 아닌가
What the State Is Not ··················· 18

국가는 무엇인가
What the State Is ······················ 22

국가는 어떻게 자신을 유지하는가
How the State Preserves Itself ·········· 27

국가는 어떻게 제한을 넘어서는가
How the State Transcends Its Limits ···· 39

국가는 무엇을 두려워하는가
53 ·················· What the State Fears

국가는 어떻게 서로 관계를 맺는가
56 ·················· How States Relate to One Another

국가의 힘과 사회의 힘 사이의 경쟁으로서의 역사
62 ·················· History as a Race Between State Power and Social Power

부록: 국가 없는 사회
Society without a State

1. 아나코–캐피탈리즘에 대한 두 가지 비판의 반론 ……… 68
2. 아나코–캐피탈리즘에 대해 논하기 전에 주의해야 할 점 ……… 73
3. 국가 간섭이 없는 자발적인 분쟁 해결의 역사적 사례 ……… 77
4. 아나키스트 사회에서의 분쟁 해결 방식 ……… 83
5. 아나키스트 사회에서의 범죄 해결 방식 ……… 86
6. 아나키스트 사회에서의 민간 법원과 경찰의 변질 가능성과 그 대책 ……… 92
7. 아나키스트 사회에서의 법의 발견과 채택 ……… 95

부록: 아나코 캐피탈리즘의 응용: 다섯 편의 에세이

1. 국가가 자발적이라는 환상 ……… 100
2. 자유시장이란 무엇인가 ……… 111
3. 리버테리언은 아나키스트인가 ……… 118
4. 전쟁, 평화, 국가 ……… 129
5. 왜 라스바드는 급진적 탈중앙화를 지지했는가 ……… 151

부록: 머레이 뉴턴 라스바드 – 경제학, 과학, 그리고 자유 (한스-헤르만 호페)
Murray. N. Rothbard: Economics, Science, and Liberty (Hans-Hermann Hoppe)

1. 오스트리아학파 경제학에서 라스바드의 중요성 ⋯⋯ 164

2. 한계효용이론과 후생경제학 ⋯⋯ 171

3. 국가론 ⋯⋯ 178

4. 독점과 경쟁의 이론 ⋯⋯ 185

5. 윤리학 ⋯⋯ 195

6. 역사학 ⋯⋯ 197

7. 삶과 발자취 ⋯⋯ 199

읽을거리들 ⋯⋯ 202

부록: 아나코캐피탈리즘 가이드라인

1. 오스트리아학파 경제학의 개론 ⋯⋯ 208

2. 경기변동이론과 화폐이론 ⋯⋯ 211

3. 리버테리어니즘과 아나코-캐피탈리즘 ⋯⋯ 213

4. 심화 학습을 위한 추천 도서 ⋯⋯ 216

옮긴이 소개

국가는 무엇이 아닌가
What the State Is Not

대체로 국가는 사회복지를 제공하는 기관으로 여겨진다. 어떤 사람들은 국가를 사회의 이상적 형태로 여기며 숭배하기도 한다. 다른 사람들은 국가를 사회적 목표를 달성하기 위한 조직으로 파악하고, 종종 비효율적이기는 하지만 대체로 온건하다고 간주한다. 관건은 거의 모든 사람이 국가를 '민간부문'(private sector)에 대항하여 경합적인 자원 활용에서 승리를 달성하고, 인류의 목표를 달성하기 위한 필수적인 수단으로 간주한다는 점이다. 민주정(Democracy)이 부상하면서, "우리가 정부다."를 비롯하여 이성과 상식에 전적으로 어긋나는 감정적인 표현들이 흔하게 사용되기 시작하였고, 국가와 사회를 동일시하는 경향이 한층 더 커지게 되었다. 유용한 집합명사인 '우리'는 정치 세계의 실상을 은폐하는 이념적 위장을 가능하게 만들었다. 만약 "우리가 정부"라면, 정부가 개인에게 행하는 모든 행위는 정당하고, 비억압적일 뿐만 아니라, 당사자인 개인으로서는 '자발적인' 것이 된다. 만약 정부가 한 집단의 이익을 위해 다른 집단에 세금을 부과함으로써 갚아야 하는 막대한 공적 부채를 발생시켰다고 하더라도, 이러한 현실적인 부담은 "우리가 우리 자신에게 빚진 것"이라는 헛소리로 가려진다. 만약 정부가 누군가를 징집하거나, 반체제적인 발언을 했다는 이유로 감옥에 보내버린다 해도, 그것은 '자기가 자신에게 하는 것'임으로 억울한 일은 발생하지 않는다. 이러한 논리에 따르면, 나치 정부가 죽인 유대인은 살해당하지 않은 것이다. 유대인 자신들이 민주적으로 선택한 정부이므로 그들은 '자살'을 한 것이 분명하며, 따라서 정부가 자행한 어떤 짓도 그들에게는 자발적인 일인 셈이다. 혹자는 이 점을 장황하게 말할 필요가 없다고 생각할지도 모르겠지만, 압도적으로 많은 사람이 이러한 잘못된 생각에 사로잡혀있다.

그러므로, '우리'는 정부가 아니라는 것을 반드시 강조할 필요가 있다. 정부는 '우리'가 아니다. 엄밀하게 말해서 정부는 국민 대다수를 '대표' 하지 않는다.[1] 그리고 설령 그러한 경우에도, 예컨대 70%의 국민이 나머지 30%를 살해하기로 하더라도, 살해당한 소수자로서는 여전히 살인이

---

[1] 이 장에서 '민주정'의 수많은 문제와 오류를 다룰 수는 없다. 한 가지 요점만 지적하자면, 어떤 개인의 진정한 대리인 또는 '대표자'는 항상 고용주의 명령에 따르고, 언제라도 해임될 수 있으며, 고용주의 이익이나 희망에 반하는 행동을 할 수 없어야 한다는 점을 지적하는 것만으로도 [대의민주정 정치체제가 가진 근본적 오류를 폭로하기에는] 충분하다. 민주정 '대표자'는 자유주의 사회(libertarian society)와 조화를 이루는 대리인의 역할을 결코 수행할 수 없다

며 자발적인 자살이 될 수 없다.² 사회유기체주의자(organicist)들이 내놓는 "우리는 모두 서로의 일부분이다." 따위의 은유나 엉뚱한 문구들은, 기본적 사실을 모호하게 만들 뿐이기 때문에 받아들여질 수 없다.

따라서 국가는 '우리'가 아니고, 함께 모여 서로의 문제를 결정하는 '가족 공동체'가 아니며, 사교모임이나 취미동호회도 아니라면, 도대체 무엇인가? 간단히 말하자면, 국가는 주어진 영토에서 무력과 폭력 사용의 독점을 유지하고자 하는 사회 조직이다. 특히, 국가는 자발적인 기부로부터 또는 재화와 서비스를 공급한 대가를 받아 이익을 얻는 것이 아니라 강압(coercion)으로 이익을 얻는 유일한 사회 조직이다. 다른 모든 개인이나 기관은 재화와 서비스를 생산하고, 타인에게 평화적이고 자발적으로 판매하여 이익을 얻지만, 국가는 강제(compulsion), 즉 감옥과 총검의 위협을 사용하여 이익을 얻는다.³ 이익을 얻기 위해 무력과 폭력을 사용함으

---

2 사회민주정을 추구하는 자들은 민주정, 즉 지도자를 다수결로 선출하는 것에는 다수자가 소수자들에게 특정한 자유(freedom)를 보장해야 한다는 점이 논리적으로 함축되어 있다고 반박한다. 소수자들도 언젠가는 과반수가 될 수 있기 때문이다. 그러나 다른 결함과는 별개로, 이러한 주장은 소수자가 명백히 과반수가 될 수 없는 경우에 성립하지 않는다. 예를 들어 소수자가 과반수와는 다른 인종이거나 민족 집단일 경우에 불가능하다.

3 Joseph A. Schumpeter, *Capitalism, Socialism, and Democracy*, (New York: Harper and Bros., 1942), p. 198.

> 국가는 사적 영역에서 사적 목적으로 창출된 이익을 정치적 폭력을 동원하여 본래의 목적에서 벗어나게 함으로써 생존한다. 이러한 사실에서 사적 영역과 공적 영역의 마찰이나 반목은 처음부터 격렬했다. 세금을 클럽의 회비 또는 의료 서비스의 구매비용 등으로 비유하여 해석하는 이론은 이러한 사회과학이 과학적 정신으로부터 얼마나 멀리 떨어져 있는지를 스스로

로써, 국가는 일반적으로 다른 개별 주체의 행동을 규제하고 명령한다. [이러한 주장에 동의한다면] 전 세계에 걸친 국가의 역사를 단순히 관찰하는 것만으로도 충분한 증거가 된다고 생각할 수 있을 것이다. 그러나, 국가의 활동에 너무나도 오랫동안 신화적인 그림자가 드리워졌기 때문에, 더 정교한 접근이 필요하다.

증명할 뿐이다.

또한, Murray N. Rothbard, The Fallacy of the 'Public Sector', *New Individualist Review* (Summer, 1961): 3ff.를 참고하라.

국가는 무엇인가
What the State Is

　인간은 맨몸으로 세상에 태어나 자연이 준 자원을 어떻게 활용할 것인지를 학습하고, 그 자원을 자신의 욕구 충족과 생활 수준의 향상을 위해 사용할 수 있는 형태, 유형, 그리고 환경으로 변화시킬 필요가 있다(예컨대 '자본'에 투자하는 것처럼). 인간이 이러한 일을 해낼 수 있는 유일한 방법은 정신과 에너지를 이용하여 자원을 변형시키고('생산'), 자신의 생산품을 다른 사람의 생산품과 교환하는 것이다. 인간은 자발적이고 생산적인 상호교류의 과정을 통해, 교환에 참여하는 모든 참가자의 생활 수준을 엄청나게 향상할 수 있다는 점을 발견했다. 따라서 인간이 생존하고 부를 획득할 수 있는 유일한 '자연적인'(natural) 방식은 정신과 에너지를 이용하여 생산과 교환 과정에 참여하는 것이다. 먼저 천연자원을 찾아낸 다음, 그것을 (로크(John Locke)의 표현에 따르면, 자원에 "자신의 노동을 섞음으로써") 자신만의 사유재산으로 변형시키고, 이러한 재산을 다른 사람이 유사하게 획득한 재산과 교환함으로써 생산과 교환 과정에 참여하게 된다. 따라서 인간 본성의 요구조건과 부합하는 사회적 경로는, '재산권'(property rights)의 교환이나 선물을 가능하게 하는 '자유시장'(free market)의 길이다. 자유시장을 통해 사람들은 A가 B를 희생시켜야만 희소한 자원을 획득할 수 있는 '약육강식'의 방식을 피하고, 그 대신 평화롭고 조화로운 생산과 교환 속에서 희소자원들을 엄청나게 증대시키는 방법을 터득하게 되었다.

독일의 위대한 사회학자 오펜하이머(Franz Oppenheimer)는 부를 획득하는 데 오로지 두 가지 서로 배타적인 방법만이 존재한다고 지적했다. 하나는 위와 같은 생산과 교환의 방법으로, 이를 '경제적 수단'(economic means)이라고 명명했다. 다른 하나는 생산성을 요구하지 않는다는 점에서 더 간단한 방법인데, 무력과 폭력을 사용하여 타인의 재화와 서비스를 강탈하는 것이다. 이는 일방적인 수탈이자, 타인의 재산을 훔치는 것이다. 오펜하이머는 이러한 방법을 가리켜 '정치적 수단'(political means)이라고 명명했다. 분명한 점은, 생산에 있어서 이성과 에너지를 평화적으로 사용하는 것이 인간이 '자연적인' 길, 즉 이 땅에서의 생존과 번영을 위한 [제대로 된] 수단이라는 것이다. 마찬가지로, 강압적이고 착취적인 수단은 자연법(natural law)에 어긋난다는 것 또한 분명하다. 정치적인 수단은 생산을 증가시키는 대신에 감소시키는 기생적인 수단으로, 생산물을 [자립적이고 생산적인 개인이나 집단으로부터] 기생적이고 파괴적인 개인이나 집단에 빼돌리기 때문이다. 이렇게 빼돌린 생산물은 [사회구성원들이 누릴 수 있는] 생산의 총량에서 제외될 뿐만 아니라, 생산자가 자신의 생계를 보존하는 수준보다 더 많이 생산할 유인책을 저하시킨다. 결국, 장기적으로 본다면, 강도는 자신이 활용한 자원의 공급원을 줄이고 제거함으로써 자신의 생계 역시 파괴하는 것이다. 더 나아가, 강도는 단기적으로도 인간으로서의 자신의 본성과 충돌하는 행동을 하는 것이다.

이제 "국가란 무엇인가?"라는 질문에 조금 더 완전하게 대답할 수 있는 위치에 도달했다. 오펜하이머에 의하면, 국가는 "정치적 수단의 조직"이고, 주어진 영토에 대한 약탈적 과정의 체계화이다.[4] 사적인 범죄는 기껏해야 산발적으로 발생하고 불확실하다. 기생적 삶이라 해도 수명이 짧고 강압적이다. 그러한 기생적 인간들의 생명줄(lifeline)은 피해자들의 저항으로 언제든지 끊어질 수 있다. 반면에 국가는 사유재산의 약탈을 위해 합법적이고, 조직적이며, 체계적인 약탈의 경로를 구축하고, 사회의 기생 계층(the parasitic caste)의 생명줄을 확실하고, 안전하며, 상대적으로

---

4 Franz Oppenheimer, *The State* (New York: Vanguard Press, 1926) pp. 24-27:

생계를 유지해야 하는 인간이 필요한 수단을 얻기 위해 가용할 수 있는 두 가지 근본적으로 대립하는 방법이 존재한다. 그 방법을 사용해 인간은 자신의 욕구 충족을 위한 수단들을 획득하도록 추동될 수밖에 없다. 이 두 가지 방법이란 노동과 약탈이다. 다시 말해 스스로 노동하여 벌어 먹고사는 것과 타인의 노동을 강제로 빼앗는 것이 있다. (…) 자신의 노동, 그리고 자신의 노동을 그것과 상응하는 타인의 노동과 교환하는 것을 '경제적 수단'으로 명명하고, 이에 반해 타인의 노동을 무상으로 빼앗는 것을 '정치적 수단'으로 명명하자고 제안한다. (…) 국가는 정치적 수단의 조직이다. 따라서, 경제적 수단이 욕구 충족을 위한 대상들을 호전적인 약탈을 통해 파괴하고 빼앗을 수 있는 수준만큼 충분히 만들어내기 이전까지는, 어떠한 국가도 생겨날 수 없다.

'평온하게' 보장한다.[5] 약탈하기 위해서는 언제나 생산이 선행해야 하므로 자유시장은 국가보다 앞서 존재한다. 국가는 '사회 계약'(social contract)을 통해 만들어진 적이 결코 없고, 언제나 정복과 착취 속에서 탄생했다. 정복자 집단은 피정복자 집단을 살려두고 생산하도록 허락하는 것이 더 오랫동안, 더 많이, 더 안정적이고 쾌적하게 약탈할 수 있다는 점을 깨달았고, 피정복자 집단에 대한 노략질과 살해라는 오랜 전통을 잠시 멈춘 후, 그들의 지배자로 군림하며 매년 일정한 공물을 바치도록 강제하기로 했다. 이것이 바로 국가 탄생의 고전적 패러다임이다.[6] 국가 탄생의 이러한 방법을 예시를 통해 설명하자면 이러하다: 한 무리의 강도가 남부 '루

---

[5] 녹(Albert Jay Nock)이 분명하게 쓰기를:

> 국가는 범죄에 대한 독점을 요구하고 행사한다. (…) 국가는 사적인 살인은 금지하지만, 자신은 어마어마한 규모의 조직적 살인을 범한다. 사적인 강도질은 처벌하지만, 자신은 국민의 재산이든 외국인이든 상관없이 원하는 무엇이든 파렴치하게 손을 댄다.

Nock, *On Doing the Right Thing, and Other Essays* (New York: Harper and Bros., 1929), p. 143; Jack Schwartzman, "Albert Jay Nock—A S*uperfluous Man*," *Faith and Freedom* (December, 1953): 11에서 인용.

[6] Franz Oppenheimer, *The State*, p. 15:

> 그렇다면 사회학 개념으로서의 국가란 무엇인가? 국가란, 전적으로 그 기원에서부터 (…) 승리한 집단이 패배한 집단에 강제하는 사회제도이다. 국가의 단 한 가지 목적은 패배한 집단에 대한 승리한 집단의 지배를 법으로 정하고, 이 지배를 내부의 반란이나 외부의 공격으로부터 지키는 것이다. 그리고 지배의 최종 목적은 승자가 패배자를 경제적으로 착취하는 것 이외에 다른 어떤 것도 아니다.

드 주브넬(Bertrand de Jouvenel) 또한 다음과 같이 쓰고 있다: "본질적으로, 국가는 작고 구별된 사회에 자기 자신을 덧붙이고자 하는 한 무리의 강도들이 성취한 성공의 결과물이다." Bertrand de Jouvenel, *On Power* (New York: Viking Press, 1949), pp. 100–01.

리타니아'(Ruritania)의 구릉 지대를 물리적으로 장악하고, 최종적으로 강도의 우두머리가 자신을 '남부 루리타니아의 주권을 가진 독립 정부의 군주'라고 선언한다. 만약 그 무리가 지배를 유지할 힘이 어느 정도 있다면, '국가의 대열'(family of nation)에 합류하는 신생국가가 탄생하는 것이다. 예전에는 강도 떼의 지도자에 불과했던 자들이 이제 왕국의 합법적 귀족으로 변모한다.

국가는 어떻게 자신을 유지하는가
How the State Preserves Itself

일단 국가가 자리를 잡으면, 지배 집단(group) 또는 지배 '계층'(caste)의 다음 과제는 그들의 지배를 유지하는 것이다.[7] 힘에 의한 지배가 그들의 방식이긴 하지만, 장기적으로 볼 때 지배 집단의 근본적 문제는 이념이다. 정권을 유지하고자 하는(단순히 '민주적인' 정부뿐만 아니라) 모든 정부는 피지배자들 대다수의 지지를 받아야 하기 때문이다. 반드시 유의해야 할 점은, 이러한 지지가 적극적일 필요가 없다는 점이다. 국가의 지배에 저항하는 것을 체념하고, 그것을 필연적인 자연의 법칙처럼 받아들이는 것 역시 일종의 지지로 바라볼 수 있다. 어쨌든 국가의 지배를 받아들인다는 지지가 있어야만 한다. 그러한 지지가 없다면 소수인 국가 지배자들은 결

---

[7] 국가로부터 특권을 부여받은, 또는 강제적으로 부담을 부여받은 '계층'(caste)과 마르크스주의에서 말하는 사회'계급'(class) 개념의 결정적인 구별에 관하여, Ludwig von Mises, *Theory and History* (New Haven, Conn.: Yale University Press, 1957), pp. 112ff를 참고하라.

국 대다수인 대중의 적극적인 저항에 압도당할 것이다. 약탈은 생산물의 잉여가 있어야 가능하다는 점에서 도출되는 필연적 사실은, 오직 소수만이 국가를 구성하는 계층, 즉 전업 관료(그리고 귀족) 계층을 차지한다는 것이다. 그들이 인구 내 중요 집단들을 매수하여 동맹을 체결하더라도 그러하다. 따라서 지배자의 최우선 과제는 언제나 시민들 대다수의 적극적이거나 체념적인 복종을 확보하는 것이다.[8, 9]

물론, 지지를 확보하는 한 가지 방법은 기득권을 위한 경제적 이익을 창출하는 것이다. 왕은 혼자서 지배할 수 없으므로 지배에 동참하기를 원하는 상당한 규모의 추종자들, 예컨대 전업 관료나 기득권 귀족 등을 국가기관의 구성원으로 거느려야 한다.[10] 그러나 이 경우에도 여전히 소

---

8   물론, 그러한 동의는 국가의 지배가 '자발적'이라는 것을 의미하지 않는다. 만약 대다수의 지지가 적극적이고 열정적이라고 하더라도, 이러한 지지가 모든 개인의 만장일치인 것은 아니다.

9   사람들을 지배하는 정부의 방식이 얼마나 독재적인지 아닌지와 무관하게 모든 정부에게 반드시 대중의 지지가 필요하다는 점은, 라 보에시(Étienne de la Boétie), 흄(David Hume), 그리고 미제스(Ludwig von Mises) 등의 예리한 정치이론가들에 의해 증명되었다. 따라서, David Hume, "Of the First Principles of Government," in *Essays, Literary, Moral and Political* (London: Ward, Locke, and Taylor, n.d.), p. 23; Étienne de la Boétie, *Anti-Dictator* (New York: Columbia University Press, 1942), pp. 8-9; Ludwig von Mises, *Human Action* (Auburn, Ala.: Mises Institute, 1998), pp. 188ff를 참고하라. 국가 분석에 대한 라 보에시의 기여에 관하여, 구체적으로 Oscar Jaszi and John D. Lewis, *Against the Tyrant* (Glencoe, Ill.: The Free Press, 1957), pp. 55-57을 참고하라.

10 La Boétie, *Anti-Dictator*, pp. 43-44.

> 지배자가 스스로 독재자로 군림하려고 할 때마다 (…) 불타는 야망과 비범한 탐욕으로 더럽혀진 사람들은, 노획물을 나눠 받고, 거대한 폭군의 부하가 되어 사람들을 부려먹으려는 목적으로 지배자 주위에 모여들어 그를 떠받든다.

수의 열렬한 지지자만을 확보하고 있을 뿐이다. 보조금과 특권 부여를 통해 [국가를 유지하는 데] 필수적인 지지를 매수하는 방법조차 다수의 동의를 얻기에는 요원하다. 이러한 필수적인 지지를 얻기 위해서는, 이념을 통해서 대다수를 설득해야만 한다. 즉 그들의 정부가 선하고, 현명하고, 최소한 불가피하며, 상상할 수 있는 다른 대안들보다 확실하게 낫다는 믿음을 주입하는 것이다. 이러한 이념을 사람들에게 선전하는 것이 '지식인'의 중대한 사회적 과제이다. 대중은 그들 자신의 사상을 창조하거나 실제로 어떤 사상을 독립적으로 생각하는 것이 아니라, 지식인이 채택하고 전파하는 사상을 수동적으로 따르기 때문이다. 따라서 지식인들은 사회의 '여론 형성가'(opinion-molders)이다. 그리고 국가에 가장 절실히 필요한 것이 바로 여론 형성이라는 점을 고려한다면, 국가와 지식인들의 오랜 동맹의 근거가 분명하게 드러난다.

국가에 지식인이 필요하다는 점은 명백하다. 그러나 지식인들에게 왜 국가가 있어야 하는지는 그다지 명백하지 않다. 간단히 말하자면, 자유시장에서의 지식인의 생계가 결코 안정적이지 않기 때문이다 지식인은 대중이 가진 가치와 선택에 의존해야 한다. 그리고 대중의 특징은 대체로 지적인 문제에 관심이 없다는 것이다. 반면에 국가는 지식인들에게 따뜻하고, 영속적이며, 안정된 거처를 국가기관 내에 제공할 의향이 있고, 안정적인 소득과 위신 있는 명예도 제공할 것이다. 국가 지배자를 위한 중요한 기능을 수행한다면 상당한 보상을 받을 것이므로, 지식인들

은 지배 집단의 일부가 되기로 했다.[11]

국가와 지식인들의 동맹은 19세기의 베를린 대학의 교수들이 '호엔촐레른 왕가의 지식 경호원'을 자처했다는 점에서 상징적으로 드러난다. 고대 동양의 전제군주정에 대한 비트포겔(Karl August Wittfogel) 교수의 비판적 연구를 오늘날의 한 저명한 마르크스주의 학자가 의미심장하게 논평한 것을 한번 살펴보자: "비트포겔 교수가 이처럼 맹렬하게 공격하는 바로 그 문명이 시인과 학자를 관료로 등용했던 문명이다."[12] [국가와 지식인들의 동맹에 관한] 무수히 많은 예시 중에서, 정부의 중요한 폭력 조직인 군대를 위한 군사전략이 최근 들어 '과학적'으로 발전하고 있다는 점 역시 살펴볼 수 있다.[13] 이뿐만이 아니다. 지배자들의 견해와 행동을 선전하는 데

---

11 이것은 결코 모든 지식인이 국가와 동맹한다는 것을 의미하지 않는다. 국가와 지식인들의 동맹에 관하여, Bertrand de Jouvenel, "The Attitude of the Intellectuals to the Market Society," *The Owl* (January, 1951): 19-27; idem, "The Treatment of Capitalism by Continental Intellectuals," in F.A. Hayek, ed., *Capitalism and the Historians* (Chicago: University of Chicago Press, 1954), pp. 93-123; reprinted in George B. de Huszar, *The Intellectuals* (Glencoe, Ill.: The Free Press, 1960), pp. 385-99; 그리고 Schumpeter, *Imperialism and Social Classes* (New York: Meridian Books, 1975), pp. 143-55를 참고하라.

12 Joseph Needham, "Review of Karl A. Wittfogel, Oriental Despotism," *Science and Society* (1958): 65. 또한, 니덤은 "이후 [중국의] 황제들은 모든 시대에 걸쳐 인문학적이고 관심을 받지 못하는 거대한 학자 집단에 헌신했다."라고 쓰고 있다. p. 61. 비트포겔은 지배계층의 성공이 학자이자 관료로서 대중을 통솔하는 전문 지배자인 군자에게 달려있다는 유교 교리에 주목한다. Karl A. Wittfogel, *Oriental Despotism* (New Haven, Conn.: Yale University Press, 1957), pp. 320-21 and passim. 니덤에 반대하는 견해에 관하여, John Lukacs, "Intellectual Class or Intellectual Profession?" in de Huszar, *The Intellectuals*, pp. 521-22를 참고하라.

13 Jeanne Ribs, "The War Plotters," *Liberation* (August, 1961): 13, "군사전략 연구자들은 그들의 직업이 '군사전문가로서의 학문적 지위'를 가질 자격이 있다고 주장한다." 또한, Marcus Raskin, "The

안달이 난, 공식적인 역사를 쓰는 소위 '어용'(court) 역사학자는, [사회적으로] 큰 존경을 받는 인물 중 하나이다.[14]

국가와 그 지식인들의 여러 가지 주장은 국민이 그들의 지배를 지지하도록 유도한다. 기본적으로, 그러한 주장들의 요점을 다음과 같이 요약할 수 있다: (a) 국가 지배자들은 위대하고 현명한 사람들이다(국가의 지배자들은 '신이 부여한 권리'로 지배한다, 그들은 '귀족'이다, 그들은 '과학 전문가'이다). 착하지만 무식한 피지배자들보다 그들이 훨씬 위대하고 현명하다. 그리고 (b) 정부에 의한 지배는 불가피하고, 절대적으로 필요하다. 최소한 정부가 무너지면 발생할 형언할 수 없는 폐해보다는 훨씬 더 낫다. 교회와 국가의 연합은 이러한 이념적 수단 중에서 가장 오래되고 성공적인 것 중 하나였다. 예컨대 [서양의] 지배자들은 신으로부터 왕권을 신수 받았다고 여겨졌고, 동양 전제군주정의 절대권력자들은 자신을 신이라고 선포하였기 때문에, 지배에 맞선 모든 저항은 신성모독 행위와 다름이 없었다. 국가의 성

Megadeath Intellectuals," *New York Review of Books* (November 14, 1963)' 6-7을 참고하라.

14 따라서 전미 역사학 협회가 회장이었던 역사학자 리드(Conyers Read)는 그의 연설에서 '민주정'과 국가적 가치를 섬기기 위해 역사적 사실을 은폐할 것을 주장하였다. 그가 말하기를, "열전(hot war)이든 냉전(cold war)이든 간에, 전면전(total war)은 모든 사람을 징집시키고, 자신의 역할을 다하도록 촉구한다. 역사학자라고 해서 물리학자보다 이 의무에서 자유로운 것은 아니다." Read, "The Social Responsibilities of the Historian," *American Historical Review* (1951): 283ff. 리드에 대한 비판과 어용 역사학에 다른 측면에 관하여, Howard K. Beale, "The Professional Historian: His Theory and Practice," *The Pacific Historical Review* (August, 1953): 227-55를 참고하라. 또한, Herbert Butterfield, "Official History: Its Pitfalls and Criteria," *History and Human Relations* (New York:Macmillan, 1952), pp. 182-224; 그리고 Harry Elmer Barnes, *The Court Historians Versus Revisionism* (n.d.), pp. 2ff.를 참고하라.

직자들은 지배자를 향한 대중의 지배와 숭배를 끌어내는 데 있어 근본적인 지적 임무를 수행했다.[15]

또 다른 성공적인 수단은 국가의 지배를 대체할 수 있는 대안적 체제에 대한 막연한 두려움을 주입시키는 것이었다. 오늘날의 지배자들 역시 시민들이 가장 바라는 필수적인 서비스를 제공하고 있는데, 바로 종종 발생하는 범죄와 약탈로부터 그들을 보호하는 것이다. 이러한 서비스를 제공하여 사적이고 비체계적인 범죄를 최소한으로 유지해야 약탈에 대한 국가의 독점을 보존할 수 있기 때문이다. 국가는 항상 자신의 세력권을 지키려고 노력해왔다. 특히, 최근 수 세기 동안 국가는 다른 국가 지배자들에 대한 두려움을 퍼뜨리는 데 성공했다. 지구상의 모든 영역이 특정한 국가들에 의해 분할되어있다는 점에서 국가의 지배를 받는 영토와 국가 자신을 동일시하는 것은 모든 국가의 기본 교리로 자리 잡았다. 대부분 사람이 고향을 사랑한다는 점에서, 고향의 땅과 사람들을 국가와 동일시하는 것은 애국심을 자연스럽게 불러일으켰고, 이는 당연하게도 국가에 매우 유리한 [지배] 수단으로 작용했다. '왈다비아'(Walldavia)가 '루리타니아'를 공격한다고 가정해보자. 루리타니아 국가와 그 지식인들의 첫 임무는 그 공격이 단순히 지배계층에게 가해진 것이 아니라, '루리

---

15 Wittfogel, *Oriental Despotism*, pp. 87-100을 참고하라. 고대 중국과 일본에서 국가에 대한 종교의 역할에 관하여, Norman Jacobs, *The Origin of Modern Capitalism and Eastern Asia* (Hong Kong: Hong Kong University Press, 1958), pp. 161-94를 참고하라.

타니아 국민'에게 가해진 것이라고 이해시키는 일이다. 이에 따라 지배자들의 전쟁이 국민의 전쟁으로 전환되고, 양국의 국민은 지배자들이 자신들을 보호한다고 착각하며 자국의 지배자들을 지키기 위해 전장으로 돌진한다. 소위 '민족주의'(nationalism)라는 [지배] 수단은 서구 문명에서 최근 수 세기 동안만 성공했을 뿐이다. 피지배층인 대중이 전쟁을 자신과 무관한 귀족 집단들의 전투로 간주하여 신경 쓰지 않았던 것은 그리 오래전 일이 아니다.

이처럼 수 세기 동안 국가는 다양하고 영리하게 이념적 무기를 사용해 왔는데, 그중 한 가지 훌륭한 예시가 바로 전통이다. 국가의 지배가 오래 될수록 이 무기는 더욱 강력해진다. 수 세기 동안 이어진 X 왕조 또는 Y 국가의 전통은 그들을 더 위엄 있는 것처럼 포장하기 때문이다.[16] 마찬가지로, 조상숭배 역시 이전에 군림했던 선대의 지배자들을 숭배하게 만드는 은밀한 수단이다. 국가가 마주하는 가장 큰 위협은 독립적인 지적 비판이다. 그러한 비판을 억누를 수 있는 가장 좋은 방법, 독립적인 비판의 목소리와 새로운 의혹의 제기를 조상의 지혜를 모독하는 불경처라

---

16   De Jouvenel, *On Power*, p. 22:

> 복종의 근본적인 이유는 그것이 인류의 습관이 되었기 때문이다. (···) 인간에게 권력은 본성 중 하나이다. 역사의 시작부터 권력은 언제나 인간의 운명을 지배해왔다. (···) 사회를 지배했던 과거의 권력자들은 예외 없이 그들의 특권을 후계자들에게 넘겨주고, 사람들의 마음속에 누적되는 각인을 남기고 세상을 떠났다. 특정 사회를 지배하는 정부의 계승이 수 세기 동안 이루어지면서, 하나의 근원적인 정부가 계속 성장한다고 여겨지게 되었다.

고 공격하는 것이다. 또 다른 강력한 이념적 무기는 개인을 경시하고 사회의 결속을 칭송하는 것이다. 모든 지배는 대다수 국민의 동의가 있어야만 가능한 것이고, 지배에 대한 이념적 위협은 오직 한 사람 또는 소수의 독립적으로 사유하는 개인들로부터만 시작하기 때문이다. 더욱이, 비판적인 견해를 포함한 모든 새로운 생각은 필연적으로 소수의견에서 비롯될 수밖에 없다. 따라서, 국가는 대중의 여론에 반하는 모든 견해를 조롱함으로써 새로운 사상의 싹이 움트기도 전에 잘라내야만 한다. "네 형제의 말만 믿어라." 또는 "사회에 순응해라."와 같은 구호는 개인의 반대의견을 뭉개버리는 이념적 무기이다.[17] 이러한 계략에 의하여, 대중은 벌거벗은 임금님이 실제로 아무것도 입고 있지 않다는 진실을 결코 알아차리지 못하게 된다.[18] 국가의 지배가 불가피하다는 믿음을 주입하는 것 역시 중요하다. 설령 지배가 반감을 갖게 되더라도, "누구도 피할 수 없는 것은 죽음과 세금뿐"이라는 친숙한 경구를 읊조리며 결국 체념하고 지배를 받아들이게 만드는 것이다. 또 다른 방법은 개인의 자유의지와 충돌하는 '역사적 결정론'을 퍼트리는 것이다. 만약 X 왕조가 우리를

---

17 중국 종교에서 이러한 수단의 활용에 관하여, Norman Jacobs, passim을 참고하라.

18 H.L. Mencken, *A Mencken Chrestomathy* (New York: Knopf, 1949), p. 145:

> 모든 [정부]가 독창적인 사상에서 발견하는 유일한 것은, 잠재적인 변화와 그로 인한 자기 특권의 훼손뿐이다. 모든 정부에게 가장 위험한 사람은 미신이나 금기를 두려워하지 않고 스스로 생각할 수 있는 사람이다. 대개 그러한 사람은 거의 필연적으로 정부가 부정직하고, 제정신이 아니며, 더는 내버려둘 수 없다는 결론에 도달하게 될 것이다. 만약 그가 낭만적인 사람이라면, 상황을 바꾸려고 할 것이다. 비록 그가 낭만적인 사람이 아니라 하더라도, 낭만적인 사람들에게 불만을 퍼트릴 가능성은 아주 크다.

지배한다면, 이는 '역사의 불가피한 법칙'(또는 '신의 의지'나 '절대자', '물적 생산력')에 의한 필연적인 현상이기 때문에, 작고 연약한 개인으로서는 결코 저항할 수 없다는 인식을 심어주는 것이다. '역사적 음모론'에 대한 혐오감을 퍼트리는 것 역시 하나의 방법이다. '음모'를 추적하는 것은 역사적 악행의 원인과 책임의 추적을 의미한다. 그러나, 만약 국가에 의한 폭정, 무절제, 그리고 침략전쟁이, 국가 지배자가 의도적으로 일으킨 것이 아니라 신비롭고 불가사의한 '사회적인 힘'에 의해서 일어났거나, 또는 우리가 살아가는 세계의 불완전성에 의해서 일어났거나, 아니면("우리가 모두 살인자다."라는 강령을 내거는 등) 어떤 식으로든 우리 모두에게 책임이 있을 뿐이라고 일축해버린다면, 역사적 악행에 분개하고 반발하는 것은 아무런 의미가 없어진다. 게다가, '음모론'은 대중이 국가의 이념적 선전을 의심하게 함으로써 체제를 불안정하게 만드는데, 이것에 대한 혐오감이 사람들에게 만연하다면, 그들은 국가의 광폭한 행동의 명분인 '일반 국민의 복지 향상'에 더 쉽게 속아 넘어가게 될 것이다. 국가의 의지에 피지배자를 굴복시키는 또 다른 효과적인 방법은 죄의식을 심어주는 것이다. 모든 개인의 행복 추구를 '비양심적인 탐욕', '물질만능주의' 또는 '지나친 풍요'라고, 이윤 창출은 '착취' 또는 '고리대금업'이라고, 그리고 [모든 교환 당사자에게] 상호 이익을 가져다주는 시장 교환은 '이기적'이라고 비난하면서, 어떻게 해서든 더 많은 자원을 민간부문에서 '공공부문'(public sector)으로 이전해야 한다는 결론을 도출하는 것이다. 국가는 이렇게 죄의식을 유도해 내어 대중이 국가가 원하는 대로 행동하게끔 만든다. 이제 대중은 보통의 사람들이 '이기적인 탐욕'에 이끌리는 경향이 있는 반면에, 시장 교환에 참여하지 않는 국가 지배자들은 고귀하고 숭고한 대의에 헌신한다고 받아들인다. 즉 평화롭고 생산적인 노동보다 국가 지배자들의 기생적 약탈이 더 도덕적이고 고결하다는 것이다.

예전보다 세속화가 상당히 진행된 오늘날, 왕권신수설은 새로운 신인 과학의 발전을 통해 대체되었다. 이제 국가의 지배는 전문가의 계획에 근거하는 지극히 과학적인(ultrascientific) 것으로 여겨진다. 이전 세기보다 '이성'(reason)이 [국가 지배의 근거로서] 더 많이 언급되고 있지만, 이러한 이성이 개인이 가진 진정한 이성 그리고 개인의 자유의지 행사를 의미하는 것은 아니다. 그들이 말하는 이성은 여전히 집단적이고 결정론적이며, 체념적인 피지배자들에 대한 지배자의 전체론적 통합과 강제 조작을 의미할 뿐이다. 과학적 전문용어의 사용이 증가함에 따라, 국가의 지식인들은 [그들의 헛소리를 있어 보이는 전문용어로 포장하는 방식으로] 터무니없는 궤변을 늘어놓으면서 국가 지배를 정당화할 수 있게 되었다. 어휘 선택이 더 단순한 시대였다면 그들의 궤변은 대중에게 비웃음만 샀을 것이다. 만약 어떤 강도가 약탈한 돈을 마음껏 지출하여 소매업에 활력을 불어넣는다면, 피해자들이 오히려 약탈당하기 전보다 나아질 것이라는 논리로 자신의 범죄를 정당화한다면, 아무도 그를 지지하지 않을 것이다. 그러나 같은 주장이 케인스주의 경제학의 방정식과 '승수효과'라는 인상적인 근거를 통해 포장된다면, 불행하게도 큰 설득력이 있게 된다. 모든 시대는 각 시대에 맞는 [국가 지배의 정당화] 방식을 가지고, 우리 시대의 방식은 바로 상식에 대한 공격이다.

결론적으로, 국가에는 이념적인 지지가 필수적이다. 자신의 활동을 단순한 강도 떼로부터 구별 짓기 위해, 국가는 대중에게 국가의 '정당성'을 각인시키고자 끊임없이 노력해야만 한다. 멘켄(H. L. Mencken)이 확실하게 말했듯이, 상식에 대한 국가의 끊임없는 공격은 우연이 아니다:

> 보통 사람은, 그가 어떤 오류를 범하고 있든 간에, 적어도 정부가 자신과 이웃들의 보편성 밖에 놓여있는 존재라는 것을 분명히 알고 있다. 즉 정부는 분리되어 있고, 독립적이고, 적대적인 권력이고, 오직 부분적으로만 통제할 수 있으며, 자신에게 큰 해악을 끼칠 수 있는 존재라는 것이다. 정부를 강탈하는 것이 개인 또는 기업을 강탈하는 것보다 덜 사악한 범죄라고 여겨지는 풍토가 아무런 의미가 없다고 말할 수 있겠는가? (…) 이 모든 것의 이면에는 정부와 정부에게 지배당하는 사람들의 깊고 근본적인 대립이 있다고 나는 믿는다. 정부는 전 국민의 공동 사업을 수행하기 위해 선출된 시민 위원회가 아니라, 정부 구성원들의 이익을 위해 국민을 착취하는 데 전념하는 독립적이고 자율적인 단체로 이해해야 한다. (…) 한 시민이 절도를 당한다면, 그 훌륭한 사람은 자신의 근면과 절약의 결실을

박탈당하는 것이다. 반면 정부가 절도를 당한다면, 발생할 수 있는 최악의 일은 어떤 불량배나 게으름뱅이가 가지고 놀 수 있는 돈이 이전보다 더 줄어들었다는 것뿐이다. 그들이 도둑맞은 돈을 벌었다는 발상은 결코 받아들여질 수 없다. 대부분의 분별력 있는 사람들은 그런 발상이 우스꽝스럽다고 여길 것이다.[19]

---

19 Ibid., pp. 146-47.

국가는 어떻게 제한을 넘어서는가
How the State Transcends Its Limits

　드 주브넬(Bertrand de Jouvenel)이 현명하게 지적한 것처럼, 수 세기에 걸쳐 사람들은 국가의 지배력 행사를 견제하고 제한하기 위해 여러 가지 개념들을 고안해왔다. 하지만, 이러한 개념들은 오히려 국가의 결정과 행동을 합법적이고 올바른 것으로 포장하는 지적 거수기(rubber stamp)로 변형되고 말았는데, 물론 국가와 지식인들의 동맹 때문이다. 서유럽에서 왕권신수설이라는 개념은, 원래 왕이 오직 신이 만든 법에 따라서만 지배할 수 있다는 것[그리하여 자연법과 충돌하는 지배는 정당화될 수 없다는 것]을 의미했다. 그러나, 왕들은 왕권신수설을 왕의 모든 행위가 신의 승인을 받은 것이라는 개념으로 변형시켰다. 의회민주정이라는 개념은, 절대 군주정에 대한 대중의 견제를 위해 고안된 것이었지만, 점차 의회가 국가의 필수적인 부분이 되어가면서, 의회의 모든 행위가 완전히 주권적인 것(그리하여 의회에 반대하는 것은 대중의 주권에 반대하는 것)으로 받아들여지게 되

었다. 드 주브넬이 결론짓기를:

> 주권에 대해 논하는 이론가들이 (…) 국가를 제한하기 위해 이러저러한 장치들을 고안해냈다. 그러나 결국 이러한 이론 하나하나가 얼마 지나지 않아 본래의 목적을 잃어버렸고 보이지 않는 주권에 자신을 식별할 수단을 제공해주는 강력한 조력자로 변모하게 되면서 단지 권력을 향한 발판으로만 작동하게 되었다.[20]

유사한 더 구체적인 예시를 살펴보자면, 로크의 저술과 권리장전(Bill of Rights)에 명시된 개인의 '자연권'은 국가주의적인 '직업을 가질 권리'(right to a job)로 변형되었고, 효용주의(utilitarianism)는 자유를 위한 논증에서 국가의 자유 침해에 대한 저항을 뭉개버리는 논증으로 바뀌었다.

국가에 제한을 가하고자 했던 가장 의욕적인 시도는 미국 헌법의 권리장전과 여러 가지 제한 조항들이다. 정부에 대한 명문화된 제한으로서의 미국 헌법은, 명목상 행정부로부터 독립적인 기관인 사법부가 해석하고 적용하는 기본법이다. 그러나 모든 미국인은 지난 세기 동안 헌법의 정부 제한이 끊임없이 축소되어 온 과정에 익숙하다. 만약 '헌법 불합치'라는 사법부 판결이 정부 권력을 강력하게 견제한다면, '헌법 합치'라는 암묵적 또는 명시적 판결은 더 거대한 정부 권력을 국민이 받아들이게끔

---

20 De Jouvenel, *On Power*, p. 27.

조장하는 강력한 무기이다. 블랙(Charles Black) 교수에 따르면, 정부는 자신에게 걸린 제한을 완화하는 과정에서, 권력을 제한하는 장치로서 고안된 위헌 심사를 정부의 행동에 이념적 정당성을 부여하는 도구로 크게 변화시켰다.

블랙 교수는 '정당성'(legitimacy)이 모든 정부에게 매우 필수적이라는 점을 지적하며 분석을 시작한다. 여기서 정당화(legitimation)는 정부와 정부의 행동을 대다수가 받아들이는 것을 의미한다.[21] 대중이 정당성을 받아들이게 만드는 것은, 미국처럼 '[정부에 대한] 상당한 수준의 제한이 정부의 근간으로 자리 잡은' 나라에서는 특히 까다로운 문제가 된다. 블랙이 덧붙이기를, 이러한 나라에서 필요한 것은 정부가 원하는 권력의 확장이 실제로 '헌법에 부합'한다는 점을 대중에게 확신시킬 수 있는 수단이다. 그리고 위헌 심사의 주요한 역사적 기능이 바로 이것이었다고 그는 결론짓는다.

---

21   Charles L. Black, Jr., *The People and the Court* (New York:Macmillan, 1960), pp. 35ff

블랙이 설명하기를:

[정부에게] 가장 큰 위험은, 도덕적 권위의 상실, 국민의 광범위한 분노, 그리고 민심의 이탈이다. 정부가 어떤 이유로, 예컨대 무력을 통해, 또는 관성적으로, 또는 매력적이고 즉각적인 대안의 부재 등의 이유로 얼마나 오랫동안 유지됐는지와는 상관없이 말이다. 제한된 권력을 가진 정부하에서 살아가는 거의 모든 사람은, 머지않아 권한 밖의 행위 또는 명백하게 금지된 행위를 시도하는 정부와 반드시 마주하게 된다. [미국] 헌법에는 징병에 관한 조항이 없음에도, 어떤 사람들은 징집된다. (…) 어떤 농부는 자신이 재배할 밀의 양을 명령받는다. 그는 정부가 그의 딸에게 결혼할 상대방을 명령할 수 없는 것처럼, 그가 재배할 밀의 양을 명령할 권리가 없다고 믿고, 존경받는 변호사들 또한 그와 똑같이 생각한다는 점을 발견하게 된다. 어떤 사람은 자신이 하고 싶은 말을 했다는 이유로 연방교도소에 갇힌다. 그는 감방에서 읊조린다. (…) "의회는 언론의 자유를 침해하는 어떤 법도 제정할 수 없다." (…) 한 사업가는 버터밀크를 생산하기 위해 어떤 규제를 충족시켜야 하는지에 대해서 정부로부터 전해 듣는다.

이러한 위험은 충분히 현실적이기 때문에, 이들 각자(우리 중 누가 이러한 위협에서 벗어날 수 있겠는가?)는 실제로 정부의 권력이 제한을 뛰어넘은 현실을 보면서, 정부 제한이라는 개념의 한계에(그들의 직접적인 경험을 통해) 직면하게 되고, 정부가 정당성이 없었다는 분명한 결론을 내리게 될 것이다.[22]

국가가 상기한 위험을 피할 방법이 하나 있는데, 바로 합헌 여부를 판단하는 최종 결정권을 가진 어떤 기관이 있어야 하고, 그러한 기관은 반드시 정부의 일원이 되어야 한다는 교리를 주장하는 것이다.[23] 사법부는 명목상 정부의 다른 기관으로부터 독립성을 가진다. 이러한 명분은 사람들이 사법부를 신성불가침의 영역으로 받아들이는 데 아주 중요한 역할을 했다. 그러나, 사법부도 정부 기관의 한 부분이자 같은 무리일 뿐이고, 행정부와 입법부에 의해 [구성원들이] 지명된다. 국가가 자신의 잘못을 스스로 심판하기를 자처함으로써, 정의로운 판결에 필요한 기본적인 재판의 원칙을 어겼다고 블랙은 시인한다. 그러나 어처구니없게도 블랙은 어떠한 대안의 가능성도 부정한다.[24]

---

22 Ibid., pp. 42-43.

23 Ibid., p. 52:

> [대]법원의 가장 중요하고 필수적인 기능은 기각(invalidation)이 아니라 승인(validation)이었다. 제한된 권력을 가진 정부가 필요로 하는 유일한 것은, 권력 유지를 위해 실질적으로 가능한 모든 조치를 하면서 사람들의 반감을 사지 않을 수 있는 수단이다. 이것이 바로 정당성의 조건이다. 장기적으로는 이러한 정당성에 정부의 생명이 달려있다. 그리고 역사적으로 볼 때, 정부를 정당화하는 역할을 해온 것이 바로 법원이다.

블랙이 덧붙이기를:

> 그리하여, 정부의 자의적인 판결을 최소한으로 줄일 수 있는 새로운 정부의 결정수단을 고안하는 것이 문제가 된다. 그렇게 한다면, **이론적으로는**[저자 강조 추가] 여전히 정부가 자신의 문제를 스스로 심판하는 것을 반대할 수 있을지라도, 현실적으로는 정부의 결정기관의 자체적인 정당성 판단이 충분히 성공적이라는 점을 부정하기는 어려울 것이다.[25]

최종적으로, 블랙은 국가가 자기 행동의 명분을 스스로 심판하는 것이 [재판의 원칙을 위반함에도] 정의와 정당성을 달성할 수 있는 일종의 '기적'이라고 분석한다.[26]

---

24 역설적이게도, 블랙에게 이러한 '해결책'은 자명한 것이다:

> 국가의 최종권력은 (…) 법이 멈춰야 한다고 지시하는 곳에서 멈춰야 한다. 그러나, 누가 가장 막강한 권력을 상대로 그 한계를 정하고, 멈추도록 강제할 것인가? 국가 자신의 재판과 법을 통해서 그렇게 할 것인가? 그렇다면 누가 재판과 법을 통제하는가? 누가 고양이 목에 방울을 단다는 말인가? (Ibid., pp. 32-33)

그리고,

> 주권국가의 정부 권력의 문제에서, 정부 밖에서 심판을 구하는 것은 선택지가 될 수 없다. 모든 국민정부는, 그것이 정부인 한, 자기 권력에 대한 최종 결정권을 스스로 가져야 한다. (Ibid., pp. 48-49)

25 Ibid., p. 49.

대법원과 뉴딜정책의 유명한 갈등에 자신의 관점을 적용하며, 블랙 교수는 뉴딜정책 찬성파의 사법부 비난이 근시안적이라고 날카롭게 질타했다:

> 뉴딜정책과 법원의 분쟁에 대한 일반적인 설명은, 그 자체로는 정확하기는 하되 핵심을 잘못 짚었다. (…) 그러한 설명은 법원이 뉴딜정책의 추진을 방해했다는 점에만 집중하면서, 이 분쟁이 결국 어떻게 마무리되었는지를 거의 언급하지 않는다. [내가 강조하고 싶은] 분쟁의 핵심은, 비록 약 24개월의 지연을 가져오기는 했지만 (…) 뉴딜정책의 내용에서 단 한 글자도 바뀐 것이 없음에도, 대법원이 뉴딜정책에 정당성을 보장해주었다는 점, 그리고 미국에서의 정부 개념의 완전히 새로운 변화를 승인했다는 점이다.[27]

---

26 정부의 기적성에 대한 예찬은, 번햄(James Burnham)이 신비주의와 비합리성에 근거해 정부를 정당화한 것을 연상시킨다:

> 과학의 환상이 전통적 지혜를 타락시키기 이전의 고대에서는, 도시의 설립자들은 신 또는 반인반신으로 여겨졌다. (…) 정부의 근원이나 타당성을 완전히 합리적인 용어로만 표현할 수는 없다. (…) 왜 내가 세습적, 민주적, 또는 다른 정당성의 원칙을 받아들여야 하는가? 저 사람이 나를 지배한다는 것을 어떤 원칙이 정당화할 수 있다는 말인가? (…) 나는 그 원칙을 당연하게 받아들인다. (…) 왜냐하면 나는 받아들이기 때문이다(because I do). [정부의 지배를 정당화하는] 그 방식은 지금까지 그래왔을 뿐이다.

27 Black, *The People and the Court*, p. 64.

결국, 우여곡절이 있기는 했지만, 대법원이 뉴딜정책과 정부 권력의 확장을 합헌으로 선언하면서, 뉴딜정책에 반대하던 다수의 미국인에게 최후의 일격을 가한 것이다:

> 물론, 모두가 만족한 것은 아니었다. 헌법에 명시된 자유방임주의(laissez-faire)는 비현실적인 세계관을 가진 소수 광신도의 마음을 여전히 휘젓고 있었다. 하지만, 의회가 국가 경제에 간섭하는 권한을 헌법적으로 정당하게 보유한다는 점에 대해서 대중은 중대한 또는 위험한 의구심을 더 이상 갖지 않게 되었다. (…)
>
> 오직 대법원만이 뉴딜정책에 정당성을 부여할 수 있었다.[28]

블랙과 마찬가지로, 탁월한 정치이론가 칼훈(John C. Calhoun) 역시 대법원에 궁극적인 해석 권한을 부여하는 방법으로 정부를 헌법적으로 제한하려는 시도가 가진 명백한 허점을 인지했는데, 그는 [블랙과 다르게] 이를 '기적'으로 받아들이지 않았고, 더 나아가 헌법의 문제에 대하여 심오한 분석을 전개했다. 자신의 저서 《정부론》(*A Disquisition on Government*)에서, 칼훈은 성문 헌법이라는 제약을 넘어서려는 본성적 경향이 국가에 내재한다는 점을 입증하였다:

---

28   Ibid., p. 65

성문 헌법은 확실히 주목할 만한 여러 가지 장점이 있다. 그러나, 보호 대상인 시민들에게 정부를 강제할 수 있는 수단을 부여하지 않으면서 단순히 정부의 권한을 제한하고 한계를 정하는 것만으로는, 정부가 자신의 권한을 남용하지 못하도록 충분히 방지할 수 없다. 정부를 장악하고 있는 당사자들은, 헌법에 따라 그들에게 부여된 권력은 달게 받으면서도, 마찬가지로 헌법에 따라 부여된 제한은 껄끄러워할 것이다. (…) 반면에 소수이고 힘없는 이들은 반대의 관점을 취할 것이고, 정부를 장악하고 있는 이들에 대항하여 자신들을 보호하기 위해 이러한 제한이 필수적이라 여길 것이다. (…) 정부를 장악하고 있는 이들에게 규제의 준수를 강제할 방법이 없다면, 유일하게 남은 견제수단은 헌법을 엄격하게 구성하는 것뿐이다. (…) 이에 정부를 장악한 이들은 자유주의적인 헌법에 반대할 것이다. (…) 한쪽은 정부의 권한을 최대한 확장하기를 원하고, 다른 한쪽은 가능한 축소하려는 식으로 서로 힘을 겨루는 상태에 이르게 된다. 그러나, 한쪽이 법을 제정할 수 있는 모든 권한을 가지고 있는 반면에 다른 한쪽은 그렇지 못하다면, 자유주의적인 헌법에 반대하는 권력자들에 대항하여 약자들이 헌법을 최대한 엄격하게 만들려는 시도가 무슨 소용이 있겠는가? 이렇게 상대가 되지 않는 승부의 결과는 뻔하다. 권력의 제한을 옹호하는 쪽이 힘에서 압도될 것이다. (…) 그 대결의 결말은 헌법의 전

복이고 (…) 제한 규정은 결국 폐지되며, 정부는 제한 없는 권력 기관으로 전락하고 말 것이다.²⁹

칼훈의 헌법 분석을 높이 평가한 몇 안 되는 정치학자 중 한 명으로 스미스(J. Allen Smith) 교수가 있다. 스미스에 따르면, 애당초 헌법은 정부의 권력을 제한하는 견제와 균형의 수단으로 고안된 것이지만, 이후에 궁극적인 해석권을 독점하는 대법원을 발전시켰다는 점에 주목해야 한다. 만약 연방정부가 각각의 주들이 개인의 자유를 침해하는지를 감시하기 위해 고안된 것이라면, 그 연방정부의 권력은 누가 감시할 것인가? 스미스가 주장하기를, 헌법의 견제와 균형 개념에는 정부의 어떤 기관이든 궁극적인 해석권을 보유할 수 없다는 점이 함축되어 있다: "사람들은 새로운 정부가 자기 권력의 한계를 스스로 결정할 수 없어야 한다고 가정했다. 만약 정부가 그럴 수 있다면, 헌법이 아니라 정부가 최고가 될 것이기 때문이다."³⁰

29　John C. Calhoun, *A Disquisition on Government* (New York: Liberal Arts Press, 1953)), p.25-27. 또한, Murry N. Rothbard, *Conservatism and Freedom: A Libertarian Comment*, (Modern Age (Spring, 1961)): 219를 참고하라.

30　J. Allen Smith, *The Growth and Decadence of Constitutional Government* (New York: Henry Holt, 1930), p. 88. 스미스는 다음과 같이 덧붙인다:

> 만약 정부 기관의 권력을 제한하기 위해 고안된 헌법 조항이 존재한다면, 그리고 조항의 준수를 위해 정부 당국이 헌법의 해석과 집행을 담당한다면, 그러한 조항은 분명 효과적으로 무력화될 수 있다. 분명하게도, 상식은 정부 기관이 자신의 권력을 스스로 심판하는 것이 용납될 수 없다고 말한다.
>
> 의심할 여지 없이, 상식과 '기적'은 정부에 대하여 매우 다른 관점을 보여준다. (p. 87)

칼훈이 개발한(그리고 최근에 스미스 등의 학자가 보완한) 해결책은 '공동 다수'(concurrent majority)라는 유명한 교리이다. 이에 따르면, 만약 이해관계 문제에서 어떤 비중 있는 소수파, 예컨대 주 정부 등이 연방정부가 주어진 권한을 초과하여 자신들을 잠식하려 한다고 생각한다면, 소수파들은 이러한 권력 행사를 위헌으로 간주하고 거부할 권리를 가진다. 이러한 이론이 주 정부에게 적용된다면, 주 정부는 자신의 관할권 내에 연방법을 적용하려는 시도를 '무효화'(nullification)할 권리를 가진다는 것이다.

이론적으로 볼 때, [공동 다수 교리의 결과로서] 뒤따르는 헌법 체계는 연방정부가 개인의 권리에 대한 주 정부의 침해를 견제하고, 주 정부가 개인의 권리에 대한 연방정부의 과도한 권력 행사를 견제하는 것을 보장한다. 칼훈의 제안은 의심할 여지 없이 현행 체계보다 효과적으로 정부를 제한하지만, 여전히 수많은 어려움과 문제점이 있다. 만약, 주 정부의 소수파가 정말로 정당한 거부권을 가져야 한다면, 왜 이 거부권은 주에서 멈춰야 하는가? 왜 시, 군, 구에는 거부권이 부여되지 않는가? 더 나아가, 이해관계의 문제는 [정치] 파벌적 차원뿐만 아니라 직업적 차원 또는 사회적 차원에서도 존재한다. 제빵사, 택시기사 또는 다른 직업은 어떤가? 그들에게도 자신의 삶을 위한 거부권이 주어져서는 안 되는가? 이러한 추론이 보여주는 바는, 무효화 이론에서 말하는 견제도 여전히 정부 기관의 한계에서 벗어나지 못한다는 점이다. 연방정부, 주 정부, 그리고 그들에 속한 여러 기관은 여전히 국가이다. 그것들은 여전히 민간 시민의 이익이 아니라 그들 자신의 이익에 따라 움직인다는 사실을 잊어서는 안 된다. 주 정부가 시민들에게 폭정을 가하고, 연방정부가 그 폭정을 막으려고 개입하려 할 때 주 정부가 거부권을 행사한다면, 칼훈의 이론은 이러한 역설적 상황을 어떻게 막을 수 있는가? 또는, 주 정부가 연방정부의 폭정을 묵인하는 경우에는 어떠한가? 연방정부와 주 정부가 시민들을 착취하기 위해 서로 동맹을 맺는다면 그것을 막을 방법은 무엇인가? 그리고 설령 민간의 직업 단체들이 정부로부터 어떤 형태의 '직능'대표제(국민 이해관계인의 대표로 국회를 구성하는 제도)를 부여받는다고 해도, 이들이 국가를 이용하여 보조금을 비롯한 여러 특권을 취득하거나, 자신의 구성원들이 카르텔에 합류하도록 강제하는 것을 어떻게 막을 수 있는가?

요컨대, 칼훈의 결점은, 자신의 혁신적인 경합(concurrence)[을 통해 정부를 제한하려고 했던] 이론을 [그것의 논리적 결론까지] 충분히 밀어붙이지 않았다는 것이다. 그는 자신의 이론을 개인에게는 적용하지 않았다. 궁극적으로 개인이 권리를 보장받아야 한다면, 경합이론을 일관성 있게 적용하는 것은 모든 개인에게 거부권을 보장하는 것으로 이어져야 한다. 그렇다면 일종의 '만장일치 원칙'(unanimity principle)이 도출될 수밖에 없다. 칼훈이 "모든 사람의 동의 없이 [정부를] 운영하거나 유지하는 것이 불가능해야 한다."라고 쓴 점을 고려한다면, 그 역시 아마 무의식적으로 이러한 결론을 암시하고 있었던 것으로 보인다.[31] 하지만 이러한 추측은 논

---

31 Calhoun, *A Disquisition on Government*, pp. 20-21.

의를 주제에서 멀어지게 만들 뿐인데, 그러한 원칙을 받아들이는 정치체제는 사실 전혀 '국가'라고 불릴 수 없기 때문이다.[32] 예컨대, 주 정부가 가진 무효화의 권리가 논리적으로 분리독립(secession)의 권리를 의미하듯이, 개인이 가진 무효화의 권리는 그 개인이 거주하고 있는 주로부터 '탈퇴'(secede)할 권리를 의미할 것이다.[33]

상술한 논의를 요약하자면 이러하다. 국가는 자신에게 부과된 제한을 넘어서 권력을 확장하는 데 언제나 눈부신 재능을 보여왔다. 국가는 오직 민간 자본의 강제 수탈을 통해서만 연명할 수 있다. 권력의 확장은 필연적으로 개인과 민간 기업에 대한 더 큰 권리 침해를 수반한다는 점에서, 국가는 태생적으로 완전하게 반자본주의적(anticapitalist)이다. 국가에 대한 이러한 입장은, 국가를 오늘날의 지배계급인 자본가들의 '집행위원회'로 진단하는 마르크스주의 의견과는 대척점에 위치한다. 정반대로, 정치적 수단의 조직인 국가는 '지배계급'(더 정확히 말하자면, 지배계층)의 근원이고, 진정으로 민간 자본의 영원한 적수다. 그러므로 드 주브넬의 입을 빌

---

[32] 최근 몇 년간, 만장일치 원칙은 특히 뷰캐넌(James Buchanan) 교수의 저술을 통해 매우 희석된 형태로 부활하게 되었다. 그러나, 현재 상황에 만장일치 원칙을 적용하려는 것은, 정부의 권력을 제한하려는 발상을 다시 한번 국가를 위한 거수기로 변형시키는 결과로 귀결될 뿐이다. 이미 존재하고 있는 법에는 원칙을 적용하지 않으면서, 현상 유지(status quo)로부터의 모든 변화에는 반드시 만장일치의 동의를 요구하기 때문이다. 만약 만장일치 원칙이 법과 명령의 변화에만 적용된다면, 최초로 주어진 '시작점'이 어떤 특성이 있느냐에 따라 모든 변화가 결정될 것이다. Cf. James Buchanan and Gordon Tullock, *The Calculus of Consent* (Ann Arbor: University of Michigan Press, 1962), passim.

[33] Cf. Herbert Spencer, "The Right to Ignore the State," in *Social Statics* (New York: D. Appleton, 1890), pp. 229-39.

려 이렇게 말할 수 있다:

> 지난 수천 년 동안 권력이 어떻게 행사됐는지에 대하여 아무것도 모르는 사람들만이, 이러한 [국유화나 소득세 등의] 권력 행사를 특정한 교리의 산물로 받아들일 것이다. 하지만 그것들은 [특정 정부의 정책에 국한되는 것이 아니라] 그저 권력의 일반적인 표현일 뿐이다. 본질적으로 헨리 8세가 수도원을 수탈한 것과 성격상 전혀 다를 바가 없고, 같은 원칙이 적용되고 있다. 바로 권위에 대한 갈망, 자원에 대한 갈증, 그리고 약탈품 분배자들(the dividers of the spoils)의 급속한 지위 상승 말이다. 권력이 사회주의든 아니든 상관없이, 그것은 언제나 자본주의와 전쟁을 치러야 하고, 자본가들이 축적한 부를 약탈해야 한다. 이것이 권력이 자신의 본성을 충실하게 따르는 길이다.[34]

34　De Jouvenel, *On Power*, p. 171.

국가는 무엇을 두려워하는가
What the State Fears

당연하게도, 국가가 무엇보다도 두려워하는 것은 자신의 권력과 존속에 대한 근본적인 위협이다. 국가의 죽음은 크게 (a) 다른 국가에 정복을 당하거나, 또는 (b) 피지배자들의 혁명 때문에 전복당하는 두 가지 방식으로 이루어진다. 다시 말해, 전쟁이나 혁명이 국가를 죽게 만든다. 이 두 가지 기본적인 위협 때문에 국가 지배자들은 언제나 국민을 선동하는 데 최대한의 노력을 기울여야 한다. 상기하였듯이, 국민에게 자신을 방어하기 위해서는 국가를 방어해야 한다는 믿음을 어떤 식으로든 주입하는 것이 국가에는 정말 중요하다. 그러나, 이러한 발상은 국가를 '방어'하는 것에 동참하기를 거부하는 사람들을, 징병제라는 폭력을 통해 강제로 입대시킬 때 그 오류가 드러난다: '그들 자신의' 국가에 맞서 자신을 '방어'하는 것이 허가되지 않는다는 점은 [국가가 내세우는 선전과 모순된다는 것이] 너무도 명백하다.

전쟁 중에는 국가권력이 극한에 이른다. 평시였다면 대중의 공개적인 저항에 마주했을 폭정이 '국가방위'와 '긴급사태'라는 구호 아래에서 시행된다. 따라서 전쟁은 국가에 [위협인 동시에] 많은 이점을 제공하는데, 실제로 현대전의 유산 중 하나는 전시상황에서 국민에게 부담되었던 국가적 의무가 [전쟁이 끝난 뒤에도 사라지지 않고] 영구적으로 존속하게 되었다는 점이다. 게다가, 전쟁은 국가가 무력 독점을 행사할 수 있는 영토를 정복할 달콤한 기회를 제공한다. "전쟁은 국가의 건강"(war is the health of the State)이라는 번(Randolph Bourne)의 명언은 확실히 옳았다. 물론 어떤 국가들은 건강을 잃거나 심각한 상처를 입을 수도 있다.[35]

국가가 가장 강력하게 경계하고 처벌하는 범죄는 어떤 유형인가? 민간인에 대한 범죄인가, 아니면 국가 **자신**에게 저항하는 범죄인가? 이러한 물음을 통해 국가가 국민을 보호하는 것과 **자신의** 안위를 지키는 것 중 무엇에 더 관심이 많은지 파악해볼 수 있다. 거의 항상, 국가의 입장에서 가장 중대한 범죄는 개인 또는 재산에 대한 침해가 아니라, 국가 자신의 안위에 대한 위협이다. 예컨대, 반역, 적진 탈영, 징병 거부, 반란과 반란

---

35 국가에는 지식인들의 지지가 필수적이다. 여기에는 국가에 매우 해로운 두 가지 위험에 맞서는 지적 지원 역시 포함된다. 예컨대, 미국의 제1차 세계대전 참전에 있어서 미국 지식인들의 역할에 관하여, Randolph Bourne, "The War and the Intellectuals," in *The History of a Literary Radical and Other Papers* (New York: S.A. Russell, 1956), pp. 205-22를 보라. 번에 따르면, 지식인들이 국가 행동에 대한 지지를 끌어내기 위해 사용하는 공통적인 계략은, 기본적인 국가정책의 한계 내에서만 논의를 전개하고, 이러한 기본적인 틀에 대한 핵심적이고 총체적인 의문을 배제하는 것이다.

음모, 지배자 암살, 그리고 법정화폐 위조와 소득세 회피 등의 경제적 반역이다. 일반 시민이 당한 폭행을 해결하는 국가의 열의와 경찰 폭행범을 추적하는 국가의 열의를 한번 비교해보라. 여기서 흥미로운 점은, 국가가 대중으로부터 **자신의** 안위를 지키는 것에 뻔뻔하게 우선순위를 부여한 것이, 분명 국가의 **존재 이유**와 모순되는 것임에도, 그 누구도 이를 이상하게 생각하지 않는다는 점이다.[36]

---

36 멘켄이 자신만의 독특한 방식으로 설명하듯이:

> 이 갱단(정부를 구성하는 착취자들)은 거의 처벌받지 않는다. 그들의 가장 끔찍한 강탈도, 심지어 그것이 노골적인 사익의 추구일지라도, 우리의 법은 어떠한 처벌도 내리지 않는다. 미국이 건국된 이래로 정부 구성원 중 오직 소수만이 고발당했고, 그마저도 몇 안 되는 무명의 밑바닥 구성원들만이 감옥에 갇혔을 뿐이다. 정부의 강탈에 저항한 혐의로 교도소의 갇힌 사람들의 수는, 납세자들의 혈세로 사리사욕을 충족시킨 혐의로 갇힌 정부 관료의 수보다 항상 10배 이상 많다. (Mencken, *A Mencken Chrestomathy*, pp. 147-48)

'보호자'인 국가가 개인의 자유를 침해하는 것에는 보호를 받을 수 없다는 점에 대한 명쾌한 지적으로, H.L. Mencken, "The Nature of Liberty," in *Prejudices: A Selection* (New York: Vintage Books, 1958), pp. 138-43을 보라.

국가는 어떻게 서로 관계를 맺는가
How States Relate to One Another

지구상의 모든 영역이 특정한 국가들에 의해 분할되어 있으므로, 각 국가는 다른 국가와 관계를 맺는 데 많은 시간과 에너지를 할애한다. 국가의 자연적인 경향은 권력의 확장이고, 대외적인 확장은 영토의 정복을 통해 가능하다. 국가 주권이 미치지 않거나 거주민이 없는 지역으로의 확장이 아니라면, 대외 확장은 각 국가 지배자들이 가진 이해관계의 충돌을 수반한다. 한 시점에서 오직 한 무리의 지배자만이 주어진 영토에 대한 강제력을 독점할 수 있다. 영토에 대한 국가 X의 완전한 권력은, 오직 국가 Y를 축출하는 경우에만 얻을 수 있다. 전쟁은 비록 위험하지만, 평화 기간이 중단되거나 국가 간 동맹과 연합구도가 변화할 때마다 종종 발생하는 국가의 영구적 경향이다.

지금까지 살펴본 바에 따르면, 국가를 제한하려는 '자체적' 또는 '국내적' 시도의 가장 주목할 만한 형태는 17세기와 19세기에 걸쳐 도달한 헌법주의(constitutionalism)다. 이에 대응하는 '외부적' 또는 '외교적' 시도는 '국제법'의 개발인데, 특히 '전쟁법'과 '중립국의 권리' 같은 형태가 대표적이다.[37] 어떤 국제법들은 본래 순수하게 민간에서 생겨난 것이다. 예컨대 해사법(admiralty law)과 상사법(law merchant)은 여러 나라에서 활동하는 무역업자와 상인들의 재산을 보호하고 분쟁을 판결하고자 하는 필요 때문에 만들어졌다. 심지어 어떤 국제적인 초국가기관으로부터 강제된 것이 아니라는 점에서, 정부에 대한 국제법들 역시 자발적으로 생겨난 것이다. '전쟁법'의 목적은 국가 간 파괴행위의 대상을 국가기관에만 제한함으로써 무고한 '민간인' 대중을 전쟁의 학살과 파괴로부터 보호하는 것이었다. 중립국의 권리가 개발된 이유는, 심지어 중립국이 '적국'과 무역하고 있을지라도, 민간인들의 사적인 국제무역을 전쟁 당사자들의 압류로부터 보호하기 위해서였다. 그리하여 [국제법의] 최우선 목표는 전쟁의 규모를 제한하는 것이었다. 전쟁의 파괴적인 영향으로부터 특히 중립국과 민간 시민들을 안전하게 보호하고, 심지어 전쟁 당사자들에게 미치는 영향도 제한하려는 시도였다.

법학자 빌(F.J.P. Veale)은 15세기의 이탈리아에서 잠시나마 실현되었던 '문명화된 전쟁'(civilized warfare)을 명료하게 묘사한다:

---

[37] 이것은 '집단안전보장' 따위의 개념을 통해 전쟁의 규모를 극대화해야 한다고 강조하는 현대의 국제법과 구별되어야 한다.

중세 이탈리아의 부유한 시민과 상인들은 돈을 벌고 인생을 즐기느라 바쁜 나머지, 스스로 군 생활의 고된 노동과 위험을 떠맡을 수 없었다. 따라서 그들을 위해 싸워줄 용병을 고용하는 관행을 채택했다. 검소하고 사업적이었던 그들은, 용병의 서비스 없이도 생활할 수 있게 되는 즉시 용병을 해고했다. 그러므로 전쟁은 각 진영에서 고용한 군대 사이에서만 일어났다. (…) 사상 최초로, 군인은 합리적이고 비교적 해가 없는 직업이 되었다. 그 시대의 장군들은 서로 전술적으로 맞서면서 종종 완전한 기술을 발휘하여 싸웠지만, 대체로 한쪽이 우위를 점하면 상대는 후퇴하거나 항복하는 것이 일반적이었다. 도시가 계속 저항하는 경우에만 약탈당한다는 것이 공인된 규칙으로 받아들여졌다: 몸값을 지급한다면 면책 특권을 언제든지 구매할 수 있었다. (…) 어떤 도시도 저항하지 않음에 따라 발생한 하나의 자연적 결과는, 자기 시민들을 보호하기에 너무 약하다고 여겨지는 정부는 시민들의 충성을 잃게 되는 것이었다. 전쟁의 위험은 오직 직업군인들만의 걱정거리였고, 시민들은 거의 두려움을 느끼지 못했다.[38]

---

38 F.J.P. Veale, *Advance to Barbarism* (Appleton, Wis.: C.C. Nelson, 1953), p. 63. 마찬가지로, 네프 교수가 18세기에 프랑스, 스페인, 그리고 사르데냐가 오스트리아에 대항하여 이탈리아에서 일으킨 돈 카를로스(Don Carlos) 전쟁에 대하여 말하기를:

  동맹국들에 의한 밀라노의 포위전과 몇 주 뒤의 파르마에서 (…) 군대들은 도시 밖에서 격렬한 전투를 치렀다. 어느 곳에서도 주민들은 한쪽에 마음을 주지 않았다. 그들의 유일한 두려움은 어느 한 군대가 성문 안으로 들어와 약탈하는 것이었다. 그 두려움은 근거 없는 것으로

네프(John U. Nef)는 18세기의 유럽에서 민간 시민들이 국가의 전쟁으로부터 자유로웠다는 점을 강조한다:

> 전시상황에서 우편통신이 제한되기 시작한 것은 놀랍게도 상당히 최근의 일이다. 20세기의 관점에서 보면 매우 놀라운 일이지만, 편지들은 어떠한 검열도 받지 않은 채 자유롭게 오갔다. (…) 전쟁 중인 두 국가의 피지배자들은 적이 아닌 친구였고, 만나면 이야기를 나눴으며, 만날 수 없을 때는 서로 편지를 주고받았다. 적국의 피지배자들도 그들 지배자의 호전적인 행위에 부분적으로 책임이 있다는 현대적 개념이 (…) 거의 존재하지 않았다. 또한, 전쟁 중인 지배자들이 자국 피지배자와 적국 피지배자의 통신을 중단시킬 수 있는 어떤 확고한 권한을 가진다는 개념도 존재하지 않았다. 종교적 숭배와 신념에 관련하여 첩보 활동을 일삼던 중세의 수사 관행은 사라지고 있었고, 정치적 또는 경제적 소통에 관련해서는 심문 자체가 고려 대상이 아니었다. 본래 여권은 전시에 안전한 활동을 보장받을 수 있도록 만들어진 것이다. 18세기의 대부분 동안, 유럽인들은 자신들의 조국과 싸우고 있는 외국으로의 여행을 포

밝혀졌고, 파르마의 시민들은 저 너머에서 벌어진 전투를 구경하기 위해 성벽으로 달려나갔다. (John U. Nef, *War and Human Progress* [Cambridge, Mass.: Harvard University Press, 1950], p. 158)

또한, cf. Hoffman Nickerson, *Can We Limit War?* (New York:Frederick A. Stoke, 1934)를 보라.

기하는 일이 거의 없었다.[39]

그리고 무역이 양측 당사자 모두에게 유익한 것이라는 인식이 점증함에 따라, '적과의 교역' 역시 상당한 규모로 이루어졌고, 이 점 역시 18세기의 전쟁을 상쇄시키는 효과를 가져왔다.[40]

이 글에서 오늘날의 국가들이 문명화된 전쟁의 규칙을 얼마나 어기고 있는지에 대해 설명하지는 않을 것이다. [한 가지만 지적하자면] 현대 시대는 모든 것을 완벽하게 파괴할 수 있는 새로운 기술과 결합한 전면전이 주목받는 시대이고, 전쟁을 제한하려는 시도는 이제 최초의 미국 헌법보다도 훨씬 유별나고 시대에 뒤떨어진 것처럼 보일 뿐이다.

국가들이 전쟁하지 않을 때는, 분쟁을 최소한으로 유지하기 위해 협정이 종종 필요하다. 이상하게도 폭넓게 받아들여지는 한 교리는 '조약의 신성함'(sanctity of treaties)인데, 이 개념은 [민간 사회에서의] '계약의 신성함'(sanctity of contract)과 같은 기능을 한다고 여겨진다. 그러나 [국가 간] 조약과 [민간의] 진정한 계약은 아무런 공통점이 없다. 계약은 사유재산의 소유권을 이전한다. 그러나 정부가 체결하는 그 어떤 조약도 재산 소유

---

39 Nef, *War and Human Progress*, p. 162
40 Ibid., p. 161. 미국 혁명의 지도자들이 적과의 교역을 옹호한 것에 관하여, Joseph Dorfman, *The Economic Mind in American Civilization* (New York: Viking Press, 1946), vol. 1, pp. 210-11을 보라.

권의 이전이 발생하지 않는다. 정부는 어떤 의미에서도 결코 관할 영토를 '소유'하지 않기 때문이다. 예컨대, 만약 존스가 자신의 땅을 스미스에게 팔거나 증여한다면, 존스의 상속인은 스미스의 상속인에게 들이닥쳐서 그 땅이 정당한 자기 소유라고 합법적으로 주장할 수 없다. 재산 소유권은 이미 이전되었다. 존스가 이미 재산을 양도했기 때문에, 존스의 계약은 자동으로 존스의 상속인에게도 구속력을 가진다. 따라서, 존스의 상속인에게는 재산 청구권이 없다. 존스의 상속인은 존스에게서 물려받은 것에 대해서만 소유권을 주장할 수 있을 뿐이다. 존스 역시 자신이 소유하고 있는 재산만을 증여할 수 있다. 반면에, 어느 날 루리타니아 정부가 왈다비아 정부로부터 강제로 또는 매수되어 영토 일부를 포기한다면, 조약의 신성함을 이유로 양국의 정부와 주민들이 루리타니아 통일을 영원히 논의할 수 없다고 주장하는 것은 불합리하다. 양국의 정부는 그들의 국민이나 북서부 루리타니아의 영토를 소유하는 것이 아니다. 당연하게도, 정부는 과거에 맺은 조약을 통해 후대의 정부를 구속할 수 없다. 마찬가지로, 루리타니아 왕을 전복시킨 혁명 정부에게 왕의 과거 행실이나 부채에 대한 책임을 물을 수 없다. [민간 사회에서의] 후손과 달리, 정부는 전임자의 재산에 대한 진정한 '상속인'이 아니기 때문이다.

국가의 힘과 사회의 힘 사이의 경쟁으로서의 역사
History as a Race Between State Power and Social Power

인간관계에는 두 가지 기본적이고 상호배타적인 방식이 있다. 바로 평화적 협력과 강제적 착취, 그리고 생산과 약탈이다. 마찬가지로 인류의 역사, 특히 인류의 경제사 또한 이 두 원칙의 경쟁으로 파악할 수 있다. 한편으로, 창조적이고, 생산적이며, 평화로운 교환과 협력이 있다. 다른 한편으로, 사회적 관계에 대한 강제적 명령과 약탈이 있다. 녹(Albert Jay Nock)은 이렇게 경쟁하는 두 힘에 대하여 각각 '사회의 힘'(Social Power) 그리고 '국가의 힘'(State Power)이라고 적절하게 이름 붙였다.[41] 사회의 힘은 자연에 대한 인간의 힘이다. 즉 천연자원을 협력적으로 변형하고, 자연법칙을 통찰하는 능력으로, 참여하는 모든 사람에게 이익을 가져다준다.

---

[41] 국가의 힘과 사회의 힘이라는 개념에 관하여, Albert J. Nock, *Our Enemy the State* (Caldwell, Idaho: Caxton Printers, 1946). 그리고 Nock, *Memoirs of a Superfluous Man* (New York: Harpers, 1943)을 보라. 또한, Frank Chodorov, *The Rise and Fall of Society* (New York: Devin-Adair, 1959) 역시 참고하라.

다시 말해 자연을 지배하는 힘이고, 상호교류를 통해 인간이 성취한 생활 수준을 의미한다. 반면에 국가의 힘은, 앞서 살펴본 바와 같이, 생산에 대한 강제적이고 기생적인 약탈이고, 비생산적인(더 정확하게 말하자면 생산에 악영향을 끼치는) 지배자들의 이익을 위해 사회의 결실을 고갈시키는 힘이다. 사회의 힘이 자연을 지배하는 반면, 국가의 힘은 사람들을 지배한다. 역사적으로, 인간은 이익을 얻기 위해 생산적이고 창조적인 힘을 발휘하여 자연을 변화시키는 새로운 방법을 계속해서 만들어왔다. 사회의 힘이 국가의 힘보다 앞서고, 사회에 대한 국가 침해의 정도가 현저히 줄어든 시기가 종종 있었다. 하지만 그러한 시기가 얼마나 지속하였느냐와 무관하게, 국가는 언제나 사회의 힘을 훼손하고 [그 결실을] 빼앗기 위한 새로운 시도를 계속 전개하였다.[42] 17세기부터 19세기까지, 서구의 많은 나라에서는 사회의 힘이 추진력을 얻고, 그에 따라 자유, 평화, 그리고 물질적 복지가 향상하였다. 반면에 20세기에 들어서는 대체로 국가의 힘이 사회의 힘을 따라잡게 되었고, 그에 따라 사회는 노예제, 전쟁, 그리고 파괴가 만연한 시대로 회귀하고 말았다.[43]

---

[42] [국가권력이] 팽창과 수축을 반복하는 흐름 속에서도, 국가는 언제나 경제와 사회의 결정적인 '핵심기관'(command posts)을 장악하려고 애써왔다. 이러한 핵심기관의 예시로, 폭력의 독점, 궁극적인 사법권의 독점, 통신과 교통(우체국, 도로, 강, 항공로)의 독점, (동양의 전제군주정의 경우) 관개수로의 독점, 그리고 미래 시민들의 여론을 형성시키기 위한 교육의 독점 등이 있다. 현대 경제에서는 화폐가 결정적인 핵심기관이다.

[43] 기생적 과정의 이러한 '추격'(catching up)은, 사회주의는 반드시 앞선 자본주의하에서 축적된 자본을 강탈하는 것을 통해서만 성립한다고 인정한 마르크스(Karl Marx)에 의해 사실상 공공연하게 선언된 바 있다.

20세기의 인류는 다시 한번 국가의 치명적으로 해로운 지배를 마주하게 되었다. 이제 국가는 인간의 창조적인 힘이 만들어낸 결실을 빼앗아 무장했다. 지난 몇 세기는 인간이 헌법을 비롯한 여러 가지 제한을 국가에 적용하려고 노력한 시대였지만, 결국 그러한 목적을 위한 모든 시도가 실패할 수밖에 없다는 점을 확인할 뿐이었다. 수 세기에 걸쳐 시도해 온 정부의 여러 형태, 여태까지 시도된 모든 개념과 제도 중에서 국가를 견제하는 데 성공한 것은 아무것도 없다. 국가의 문제를 해결하는 것은 아직도 정말 요원해 보인다. 이 문제를 성공적이고 최종적으로 해결하기 위해서는, 새로운 길을 개척해야 할 필요가 있을 것이다.[44]

---

[44] 분명하게도, 문제의 해결책에서 빠질 수 없는 필수적인 한 가지 요소는, 지적인 탐구와 교육을 위한 중심기관(Centre)을 설립함으로써 국가와 지식인들의 동맹을 무너뜨리는 것이 되어야 한다. 도슨(Christopher Dawson)의 지적에 따르면, 르네상스와 계몽주의의 위대한 지적 운동은 견고하게 기득권으로 자리매김한 대학의 밖에서, 때로는 그들에게 대항하면서 이루어졌다. 새로운 사상을 위한 학계는 독립적인 후원가들에 의해 설립되었다. Christopher Dawson, *The Crisis of Western Education* (New York: Sheed and Ward, 1961)을 보라.

이 글은 머레이 라스바드가 1974년 12월 28일에 워싱턴 DC에서 개최된 전미 정치철학 및 법철학 협회(ASPLP)의 콘퍼런스에서 연설한 것으로, 1975년 1월에 리버테리언 포럼 제7호에서 처음으로 출판되었다.

옮긴이 주: 각 단락과 소제목은 번역과정에서 추가한 것이다.

부록:
국가 없는 사회
Society without a State

1

아나코-캐피탈리즘에 대한 두 가지 비판의 반론

'국가 없는 사회', 즉 아나키스트 사회가 어떻게 성공적으로 기능할 수 있는지에 대한 개략적인 설명을 시도하면서, 나는 먼저 이 접근법에 대한 두 가지의 흔하지만 잘못된 비판을 해소하고자 한다. 첫 번째 비판은 내가 분석하고 옹호하는 체제가 '진짜' 아나키즘이 아니라는 주장이다. 법원, 경찰, 심지어 법률 그 자체를 비롯한 방어와 보호 서비스의 제공에 있어, 내가 그저 또 다른 유형의 국가를 사회에 침투시킨다는 것이다. 이러한 유형의 비판은 무미건조한 의미론적인 논쟁에 우리를 끝없이 연루시킬 뿐이지만, 나는 국가를 두 가지 특성 중 하나 또는 둘 다(거의 항상 둘 다) 보유하는 기관으로 정의한다는 점을 지적하며 응답해보고자 한다: (a) 그것은 세금이라는 물리적 강제로 수입을 얻는다. (b) 그것은 주어진 영토에 대한 방어 서비스(경찰과 법원)의 공급을 강제로 독점한다. 이 두 가지 특성 중 어느 것도 보유하지 않는 기관은, 내 정의에 따르면 국가가 아니고, 될 수도 없다. 대조적으로, 나는 아나키스트 사회를 개인의 신체와 재산에 대한 강제적 침해의 법적 가능성이 없는 사회라고 정의한다. 아나키스트는 국가가 바로 그러한 공격성을 가지고 있으므로 그것을 반대한다. 국가는 세금을 통해 사유재산의 수탈하고, 자기 영토 내부의 다른 방어 서비스 제공자들을 강제로 제외하고, 이 두 가지 침해에 근거하여 개인의 권리에 대한 전방위적인 약탈과 강제를 하는 기관이다.

또한, 국가를 이렇게 정의하는 것은 결코 자의적이지 않다. 역사적 기록에서 일반적으로 국가라고 인정받은 모든 기관이 상기한 두 가지 특성을 보유하였기 때문이다. 국가는 물리적 강제를 사용하여 자기 영토 관할권에 대한 방어 서비스를 정당하지 않게 강제로 독점해왔다. 그러나 그러한 서비스가 국가기관이 아닌 민간기관에 의해 공급되는 것은 확실히 개념적으로 가능하고, 실제로 그러한 서비스는 사실 [그 누구보다도 개인의 권리를 많이 침해하고, 따라서 진정한 방어 서비스의 가장 큰 적인] 국가가 아니라 다른 기관에 의해 공급됐다고 보는 것이 타당하다. 국가에 반대하는 것은 반드시 국가와 연계된 서비스에 반대하는 것이 아니다. 다시 말해, 국가에 반대하는 것은 경찰의 보호, 법원, 중재, 화폐 발행, 우편 서비스, 또는 도로와 고속도로에 반대하는 것을 의미하지 않는다. **일부** 아나키스트들은 정말로 신체와 재산을 **방어한다는 이유로** 경찰을 포함한 모든 물리적 강제에 반대하지만, 이러한 경향이 모든 아나키스트 입장에 내재하였다고 보기에는 어렵고, 사실 근본적으로는 무관하다. 아나키스트는 신체와 재산을 침해하거나 공격하는 모든 물리적 강제를 반대하기 때문이다.

세금은 국가를 물리적 강제의 사용을 통해 정기적이고 체계적으로 소득을 획득하는 사회의 유일한 기관으로 만들어준다는 점에서 결정적인 임무를 수행한다. 국가를 제외한 나머지 모든 개인과 단체는 ⑴ 소비자들에게 상품과 서비스를 자발적으로 판매함으로써, 또는 ⑵ 회원 또는 기타 기부자의 자발적 선물 또는 기부를 통해 이익을 얻는다. 만약 내가 시장에서 위티스(Wheaties) 시리얼의 구매를 중단하거나 줄인다고 해도, 위티스는 나에게 총을 들이밀거나 감금 협박을 하지 않는다. 만약 내가 전미 철학 협회에 가입하지 않는다고 해도 협회는 나에게 가입을 강제하지 않을 것이고, 내가 회원 자격을 포기해도 막지 않을 것이다. 오직 국가만이 그렇게 할 수 있다. 오직 국가만이 내가 세금을 내지 않으면 나의 재산을 몰수하고 감옥에 넣는다. 그러므로, 오직 국가만이 사유재산에 대한 강제적 약탈을 합법적으로 행한다.

위티스의 구매나 전미 철학 협회의 가입이 어떤 면에서 '강제적'이라고 주장하면서 이러한 분석에 도전하는 것은 적절하지 않다. 혹시 '강제'라는 단어를 사용하는 것이 불만족스럽다면, 이 글에서 '강제'라는 단어를 제거하고 그 자리에 '물리적 폭력 또는 위협'으로 대체하기를 권한다. 그렇게 해도 논증의 핵심은 전혀 훼손되지 않고 문학적 양식만이 약간 바뀔 뿐이다. 여전히 아나키즘이 제안하는 것은 국가를 폐지하는 것이다. 즉, 공격적 강제를 합법적으로 행할 수 있는 기관의 폐지이다.

국가가 사회에 대한 여러 가지 침해를 감행함으로써 강제적인 수익창출원을 습관적으로 늘려나간다는 것은 말할 필요도 없을 정도이다. 경제 통제에서부터 포르노그래피의 금지까지, 종교적 의식의 강제, 전쟁에서 조직적으로 행해지는 민간인 대량 학살 등이 그 예시이다. 녹(Albert Jay Nock)의 말을 빌려 간단히 말하자면, "국가는 자기 영토에 대한 범죄의 독점을 주장하고 행사한다."

본론에 들어가기 전에 두 번째 비판을 계속 언급하고 대답해보고자 한다. 이는 아나키스트들이 '모든 사람이 선하다.'라고 순진하게 가정하고, 국가가 없으면 어떤 범죄도 일어나지 않을 것이라고, 믿는다는 흔한 비난이다. 즉, 아나키즘은 국가가 폐지된다면 협동심과 인간성을 가진 자비로운 아나키스트 신인류가 등장하여 사회에서 범죄가 일소된다고 가정한다. 솔직히 이러한 비난의 근거가 무엇인지 잘 모르겠다. 다른 아나키스트 학파들이 무엇을 하든 간에(그들 역시 이러한 비난에 당할 정도로 허술하지는 않을 것이라 믿는다) 일단 나는 확실히 이러한 관점을 거부한다. 나는 대부분 관찰자와 마찬가지로, 인류는 선과 악이 혼합체이고, 협력적인 성향과 범죄적인 성향이 혼재되어 있다고 생각한다. 내가 보기에, 아나키스트 사회는 선과 협동심을 최대화하면서, 악과 범죄의 정당성과 발생 빈도를 최소화하는 사회이다. 만약 아나키스트의 관점이 올바르고, 국가가 정말로 모든 종류의 반사회적 범죄(절도, 억압, 대량 살인)를 합법화하고 사회적으로 정당화함으로써 대규모로 자행하는 수단에 불과하다면, 확실히 그러한 범죄의 원흉은 폐지하는 것이 인간의 선한 측면에 유리하고 악한 측면에 불리한 것이다.

더 나아가, 진지하게 말하자면, 아나키스트 사회체제이든, 국가주의 사회체제이든, 대부분 사람이 자기 이웃을 공격하고 강탈하는 데 작정하는 환경에서는 **그 어떤 사회체제도** 전혀 작동할 수 없다. 모두가 그런 의지로 가득 차 있다면 국가 또는 민간이 아무리 애를 써봐도 혼란을 막을 방도가 없다. 일단 사회체제가 작동하기 위해서는 '선한 사람'이 필요하다. 게다가, 사람들이 이웃에 대해 공격적이지 않고 평화를 추구하는 경향이 강하면 강할수록, **어떠한 사회체제라도** 더 성공적으로 작동할 수 있고, 경찰력에 더 적은 자원을 투입할 수 있게 된다. '인간의 본성'을 고려한다면, 또 어느 시점에서든 선과 악이 어느 정도 존재한다는 점을 고려한다면, 아나키즘이 선을 행할 기회를 최대화하고 악을 행할 경로를 최소화한다는 것이 아나키스트의 관점이다. 나머지 구체적 사안들이 어떻게 되느냐는, 사회구성원 개개인이 가진 가치에 달려있다. 여기서 한 가지 더 짚고 넘어가야 할 점은, 합법화된 대규모 범죄의 살아있는 본보기인 국가를 제거하고 그 사회적 정당성을 박탈함으로써, 아나키즘은 대중의 마음속에 평화의 가치를 크게 촉진할 것이라는 점이다.

아나코-캐피탈리즘에 대해 논하기 전에 주의해야 할 점

물론 이 자리에서 아나키즘에 찬성하거나 국가에 반대하는 여러 가지 도덕적, 정치적, 그리고 경제적 논쟁을 모두 다룰 수는 없다. 또 국가가 제공하는 다양한 재화와 서비스를 민간 개인과 단체가 자유시장에서 훨씬 더 효율적으로 공급하는 방법을 지금 보여주는 것도 부적절하다. 여기서 우리는 아마도 가장 어려운 문제, 즉, 거의 모든 사람에게 국가의 존재를 정당화하는 보편적인 가정만을 다룰 것이다: 국가가 긍정적인 선은 아니더라도, 공격으로부터 신체와 재산을 보호하거나 방어하는 중요한 구실을 하는 '필요악'이므로 존재하고 행동해야 한다는 것이다. 국가는 경찰의 보호, 분쟁의 사법적 해결과 계약의 집행, 그리고 집행되는 법 자체의 생성 등을 위해 최소한 불가결하게 필요하다는 인식이 보편적으로 받아들여지고 있다. 나의 주장은 이 모든 보호 서비스가 필요하다는 것을 인정하면서, 그것들이 자유시장에서 민간인과 민간기관에 의해 더 만족스럽고 효율적으로 공급될 수 있다는 것이다.

이 글의 본문을 시작하기 전에 한 가지 중요한 경고를 하고자 한다: 아나키즘을 비롯한 새로운 제안들은 거의 항상 현행체제 혹은 국가주의 체제가 완벽하게 작동한다는 암묵적인 가정하에 평가받는다는 것이다. 아나키스트 사회의 초상에서 떠오르는 어떠한 빈틈이나 어려움은, 아나키즘 자체를 충분히 기각시킬 수 있는 어떤 순수한 불이익으로 여겨진다. 요컨대, 국가가 신체와 재산을 보호하는 자기 역할을 완벽하게 수행하고 있다고 암묵적인 가정을 한다. 국가가 본질에서 그러한 업무를 수행하는 데 중대한 결함과 비효율성을 가질 수밖에 없는 이유를 여기서 논하기에는 부적절하다. 여기서는 역사적 사실을 간단하게 지적하면서 은폐된 국가의 전례 없는 기록을 폭로하는 것으로 충분하다: 어떠한 민간 약탈자 집단도 국가가 끊임없이 저질러 온 절도, 수탈, 억압, 대량 살인에 필적하는 범죄를 저지를 수 없다. 마피아나 개인적인 은행 강도의 성과는 미국의 히로시마 원폭 투하, 영국의 드레스덴 폭격, 그리고 독일의 리디체 학살과 기타 유사한 악행에 결코 비교할 수 없다.

이러한 논점을 철학적인 측면에서 제기할 수도 있다: 현행체제를 디폴트값으로 암묵적으로 가정하고, 아나키스트의 대안만을 비판적으로 검토함으로써 아나키즘과 국가주의의 이점들을 비교하는 것은 부조리하다. 우리가 해야 할 일은 아무것도 없는 원점에서 시작하여 **두 가지 대안을 모두** 비판적으로 검토하는 것이다. 예컨대, 우리가 모두 갑자기 지구상에서 모든 것을 **새롭게 시작해야 하는 상황**에 놓여 어떤 사회적 제도를 채택해야 하는지에 대한 질문에 직면했다고 가정해보자. 그때 어떤 사람이 이렇게 제안한다: "우리는 모두 타인을 공격하려는 악한들로부터 고통을 받을 수밖에 없다. 그렇다면 이 문제를 이렇게 해결하자. 우리의 모든 무기를 저기 있는 존스 가족에게 넘겨서 그들에게 분쟁을 해결할 수 있는 궁극적인 힘을 주자. 강제와 궁극적인 의사결정권을 독점함으로써, 존스 가족은 우리 각자를 서로로부터 보호해줄 수 있을 것이다." 나는 존스 가족을 제외한 모든 사람이 이 제안을 아주 빠르게 기각할 것이라는 점을 장담할 수 있다. 그런데도, 이것이 바로 정확하게 국가 존재의 일반적 논거이다. 만약 우리가 원점에서부터 시작한다면, 국가는 존스 가족의 사례와 마찬가지의 난관에 부딪힌다. "그렇다면 누가 국가를 감시할 것인가?"라는 질문은 국가 이론의 영원한 허점이 되어 가볍게 넘길 수 있는 수준이 아니게 된다. 이 질문은 이제 국가의 존재 자체를 위협하는 압도적인 장애물로 격상된다.

마지막으로 경고하자면, 아나키스트들은 미래의 아나키스트 사회의 모습을 예측하는 데 있어서 항상 불리하다. 미래의 자유시장에서 재화와 서비스의 공급이 어떻게 될 것이고, 자발적인 사회적 합의가 어떻게 될 것인지 예측하는 것은 불가능하기 때문이다. 예컨대, 1874년에 어떤 사람이 미래의 미국에는 라디오제조업이 생겨나리라 예측했다고 가정해보자. 그러한 예측을 성공적으로 제시하기 위해, 그는 당장 100년 후에 얼마나 많은 라디오 제조사가 있을지, 얼마나 융성할지, 어디에 공장이 있을지, 어떤 제조 공정과 마케팅 전략을 채택할 것인지 말해야만 하는가? 분명 이러한 요구는 말이 되지 않는다. 정확히 같은 의미에서 시장에서의 보호 서비스 공급에 대한 정확한 묘사를 바라는 것도 부당하다. 아나키즘은 시장과 사회의 제도를 통해 국가를 해체하는 것을 지지하고, 이러한 제도는 현행 정치체제보다 훨씬 더 유연하고 예측 가능성이 작다. 그렇다면, 우리가 할 수 있는 최선은, 아나키스트 사회의 모습을 예상하는 데 필요한 폭넓은 지침과 관점을 제공하는 것이 된다.

여기서 한 가지 중요한 점은, 현대 기술의 발전이 아나키스트 제도를 점점 더 실현할 수 있게 만든다는 것이다. 예컨대 등대가 그러하다. 한때는 민간이 관리하는 등대가 각각의 모든 선박에 불을 비춰주면서 그 대가로 비용을 청구하는 것이 불가능하다는 주장이 대세였다. 사실 이 주장은 18세기의 영국을 비롯한 과거에도 민간 등대가 성공적으로 운영됐다는 점을 무시한다는 점에서 애당초 틀린 것이지만, 그 점을 인정하더라도 전자공학 기술의 현대적 발전은 각 선박에 대한 비용 청구를 훨씬 더 쉽게 만들었다. 각 선박이 전자공학적으로 제어되는 빛줄기에 대한 비용을 지불하는 경우에만 등대가 불을 비춰줄 수 있게 된 것이다.

3

국가 간섭이 없는 자발적인 분쟁 해결의 역사적 사례

이제 아나키스트 사회에서 분쟁, 특히 신체와 재산의 침해와 관련된 분쟁이 어떻게 해결될 것인가에 대한 문제를 본격적으로 논해보자. 무엇보다도, 모든 분쟁은 두 당사자, 즉 범죄 또는 불법행위의 피해자인 원고와 피의자인 피고 사이에서 발생하는 것이다. 물론, 계약 파기의 경우 원고와 피고 쌍방 모두가 상대방이 장본인이라고 자주 주장하곤 한다.

주목해야 할 점은, 국가주의 사회이든, 아나키스트 사회이든, **모든 사회는** 다수가 동의할 수 있는 분쟁 해결 **방법을 가져야 한다**는 점이다. 모든 사람이 전지전능하고 따라서 어떤 범죄나 계약 위반의 범인이 누군지 즉각적으로 알 수 있다면, 법원이나 중재자는 전혀 필요가 없을 것이다. 그러나 우리 중 누구도 전지전능하지 않기 때문에, **누가** 범죄자인지 또는 범법자인지 결정할 방법을 가져야 한다. 간단히 말해서, 분쟁 해결을 결정하는 방식이 대다수 대중에 의해 받아들여질 필요가 있다.

최선은 분쟁의 양 당사자가 외부의 도움 없이 또는 제삼자의 도움을 받아 자발적으로 해결하는 것이다. 여기에 문제가 될 것은 하나도 없으므로, 이러한 해결 방식은 무의식적으로 사회 전반에 스며들 것이다. 평화적 협력과 합의라는 아나키스트 가치를 받아들인 사회에서는 더욱 그렇다. 그러나, 여기서 해결되지 않는다면, 다음 방식은 양 당사자가 중재자의 결정에 자발적으로 따르기로 동의하는 것이다. 이러한 합의는 분쟁이 발생한 이후에 이루어지거나, 애초에 계약을 맺을 당시에 미리 조건으로 내걸었을 수도 있다. 다시 말하지만, 이러한 [민간의 자발적인 분쟁 해결] 제도가 정당성을 얻는 것에는 전혀 문제가 없다. 심지어 국가주의 시대인 오늘날에도, 정치적으로 운영되는 정부 법원의 악명높은 비효율성과 강압적이고 번거로운 절차에 질린 많은 시민이, 신속하고 원만한 분쟁의 해결을 위해 자발적으로 전문적인 중재 업체에 눈을 돌리고 있다.

그리하여 울드릿지(William C. Wooldridge)가 쓰기를:

> [민간]중재는 [국가]법원을 부차적인 수준으로 전락시키고 어떤 분야에서는 완전히 불필요하게 만들 정도로 성장했다. 중재가 자신들의 사법권을 축출할 것이라는 법원의 오래된 두려움은 관습법 판사들이 결코 예상하지 못했던 방식으로 정말 실현되었다. 보험 회사들은 중재를 통해 연간 5만 건이 넘는 이의제기를 조정하는데, 지난해에는 뉴욕에 본사를 두고 전국적으로 25개의 지부를 둔 전미 중재 협회(AAA)가 2만 2천 건이

넘는 중재를 담당했다. 전미 중재 협회는 중재자 역할을 담당하는 직원을 2만 3천 명가량 고용하고 있는데, 이는 미국 전체의 사법부 직원의 수를 능가할 것이다. 여기에 더해 전미 중재 협회에 가입하지 않고 특정한 산업이나 지역 내에서 분쟁을 중재하는 알려지지 않은 수의 개인들도 고려한다면, 양적으로 볼 때 공식적 법원의 역할이 이차적인 것으로 물러났다는 점이 명백해진다.[1]

울드릿지는 법원보다 압도적으로 빠른 중재 절차의 이점 외에도, 중재자들이 공식적인 정부 법을 무시하면서도 전문가로서 일할 수 있다는 중요한 점을 덧붙인다. 정말 심오한 의미에서, 민간의 중재자들은 민간 법(private law)의 자발적인 몸체를 형성하는 임무를 수행한다. 그가 말하기를, "다르게 말하자면, 정부 권한 밖에서 이루어지는 자발적 중재 법정의 체제는 민간 법과 함께 만들어진 것이다. 국가의 법정을 우회하는 것은, 그러힌 법정이 근본으로 삼는 국가의 규칙들도 우회하는 것이다. (…) 요컨대, 두 당사자 사이의 개인적인 합의를 타결하면서 받아들인 '법'이, 공식적인 법을 대체한다. 당사자들이 암묵적으로 또는 명시적으로 동의한 규칙이 국가 주권의 영장을 무력화하고 대체한다." 이어서 그의 결론은,

---

1   William C. Wooldrdige, *Uncle Sam, the Monopoly Man* (New Rochelle, New York: Arlington House, 1970), p. 101.

"만약 중재자가 형법상의 손해 규정이나 고소에 적용되는 공소시효를 무시하기로 선택할 수 있다면(그리고 중재자가 그럴 권한이 있다는 것이 일반적으로 인정된다면), 중재는 법으로부터의 해방을 위한 실질적이고 혁명적인 수단으로 받아들여질 수 있다. (…)"[2]

법원이 중재자의 선고를 강제로 집행해준다는 보증이 있으므로 민간 중재가 성공적으로 작동한다는 반론이 제기될 수 있다. 그러나 울드릿지가 지적하기를, 1920년 이전까지는 미국 법원에서 중재는 그 효력이 받아들여지지 않았지만, 그렇다고 해서 미국과 영국에서의 자발적인 중재의 성공과 확대를 막지는 못했다. 더 나아가, 그는 상사법 전체를 성공적으로 개발한 중세 시대 이후 민간 상인 법원의 성공적 운영에 주목한다. 그 어떠한 상인 법원도 강제집행의 권한을 가지고 있지 않았다. 해사법의 전체를 개발한 해운회사의 민간 법원 역시 비슷한 사례라 볼 수 있을 것이다.

그렇다면, 어떻게 이러한 민간의 '아나키스트적이고' 자발적인 법원들이, 그들의 결정에 대한 수용을 보장할 수 있었다는 말인가? 자발적인 '집행'이 실제로 매우 성공적이었던 이유는 사회적 배척의 메커니즘, 즉 죄를 범한 상인과의 거래를 거부하는 것에 있었다. 울드릿지가 쓰기를, "상인 법원은 자발적이었고, 만약 한 당사자가 그들의 판결을 무시한다

---

2   Ibid., pp. 103-104.

고 해도 그는 감옥에 가지 않았다. (…) 그런데도, 상인 법원의 결정이 패소자에게도 대체로 존중받았다는 것은 명백하다. 그렇지 않았다면 사람들은 애초에 그들에게 중재를 요청하지 않았을 것이다. (…) 상인들은 그저 결과에 승복하기로 동의함으로써 그들의 법정이 실제로 작동하게 했다. 여전히 합의를 어긴 상인이 감옥에 가는 일은 없었지만, 그런 경우에는 상인들에게 요구되는 암묵적인 규정을 깨트린 대가를 치러야 했고, 다시는 상인 생활을 못 하게 되는 것을 각오해야만 했다. (…) 이것은 물리적 강제보다 더 효과적이었다는 것이 증명되었다."[3] 이러한 자발적인 방법이 현대에 들어서 더는 효력을 잃은 것도 아니다. 울드릿지는 국가 법원이 민간 중재의 결과를 받아들이기 이전인 1920년에도, 정확하게 같은 방식이 적용되었다고 지적한다:

> 미국 상업계에서 민간 중재는 상당한 인기를 얻고 고객들을 끌어모았다. 중재의 결과에 승복하는 것이 순전히 자발적이었던 시기에도 인기를 얻었다는 점을 고려한다면, 법적 강제력이 대부분의 분쟁을 해결하는 데 있어 필수적인 부속물인지에 대한 의문을 던질 수 있다. 중재자의 결정을 따르는 것을 거부하는 사례는 드물었다. 전미 중재 협회의 한 설립자는 단 하나의 사례도 없었다고 말한다. 중세의 선구자들과 마찬가지로, 미국의 상인들은 서로에게 집단으로 부과할 수 있는 제재 외에

---

3   Ibid., pp. 95-96.

는 어떤 안전장치에도 의존할 필요가 없었다. 판결에 의한 배상을 거부하는 상인은 그가 속한 협회의 조사위원회에 넘겨지거나 신상 정보가 다른 무역협회 회원들에게 공개될 수도 있었는데, 이러한 불이익은 그가 불복하기로 한 배상의 비용보다 훨씬 더 무시무시한 수준이었다. 민간 판결이 자발적이고 사적임에도 널리 받아들여진 원인은 단지 그것이 가진 명예에만 있지 않았다. 오히려 기업가들의 이기심, 즉 그러한 판결에 승복하지 않는다면 아주 빠르게 이용할 수 있는 분쟁 해결 방식을 이용할 수 없다는 냉철한 판단에 근거한 것이었다.[4]

---

4   Ibid., pp. 100-101.

4

아나키스트 사회에서의 분쟁 해결 방식

기술이 발전할수록 사람들의 신용등급에 대한 정보 그리고 그들이 계약이나 중재 합의를 지키거나 위반한 기록에 대한 수집과 전파가 훨씬 더 쉬워진다는 점 역시 지적할 필요가 있다. 아나키스트 사회는 이러한 종류의 데이터 보급을 확장하고, 계약과 중재를 위반한 사람들에 대한 배척과 보이콧이 촉진될 것이라 예상할 수 있다.

아나키스트 사회에서 중재자들은 어떻게 선택될 것인가? 효율성과 정직성에 대한 최고의 명성을 가진 사람들이 시장에서 다양한 분쟁 당사자들에 의해 선택될 것이다. 이것은 현행 민간 중재 혹은 엄격하게 자발적인 중재가 유행했던 시기와 같은 방식이다. 시장의 다른 과정과 마찬가지로, 분쟁 해결 실적이 가장 좋은 중재자는 점점 더 많은 고객을 확보할 것이고, 실적이 좋지 않은 중재자는 더는 고객이 찾아오지 않아 직업을 바꾸어야 할 것이다. 여기서 강조해야 할 점은, 분쟁 당사자들이 전문성과 공정성 모두에서 최고의 명성을 가진 중재자들을 찾을 것이고, 비효율적이거나 편향된 중재자들은 빠르게 다른 직업을 찾아야 한다는 점이다.

그리하여, 모리스 타네힐과 린다 타네힐(Linda and Morris Tannehill)이 강조하기를:

> 정부의 지지자들은 정부의 법적인 힘을 사회 분쟁에 대한 유일한 해결책으로 바라본다. 그들에 따르면, 만약 사회의 모든 사람이 같은 법원 제도를 강요받지 않는다면, (…) 분쟁은 해결될 수 없을 것이다. 분쟁 당사자들이 자신의 중재자를 자유롭게 선택할 수 있다는 발상을 그들은 이해하지 못한다. (…) 그들은 분쟁 당사자들이 경쟁하는 중재 기관 중에서 하나를 선택하여 경쟁과 전문화라는 혜택을 얻을 수 있다면 훨씬 더 나을 것이라는 점을 깨닫지 못한다. 성문법의 힘으로 보장된 독점적 지위를 가진 국가 법원 제도는, 자유시장에서 고객을 확보하기 위해 경쟁하는 중재 기관들만큼 좋은 서비스를 제공할 수 없을 것이다. (…)
>
> 아마도 정부의 분쟁 중재를 옹호하기 위해 가장 설득력 있는 주장은, 정부 판사들이 시장 밖에서 활동하는 덕분에 기득권을 추구하지 않고 따라서 더 공정하다는 반론일 것이다. (…) 그러나 정부에 대한 정치적 충성이 공정성을 보장하지는 않는다. 반면에 정부 판사는 항상 편파적으로 행동하도록 강요받는다. 그가 급여와 권력을 누구에게서 받는가? 바로 정부이다. 그는

정부를 지지해야 한다. 반면에, 자유시장에서 자신의 서비스를 판매해야 하는 중재자는 그가 가능한 한 양심적으로 정직해야 하고, 공정해야 하고, 중립적이어야 한다는 점을 잘 이해한다. 그렇지 않으면 분쟁 당사자들이 중재를 위해 그의 서비스를 구매하지 않을 것이다. 자유시장 중재자가 생계를 의존하는 것은 그의 분쟁 해결 기술과 공정성이다. 반면에 정부 판사는 정치적인 배경에 의존한다.[5]

더 나아가, 계약 당사자들이 원한다면, 여러 중재자를 더 고용할 수도 있다:

> 분쟁의 심리를 위해 중재 기관을 한 곳만 고용하는 것이 가장 경제적이고 대부분은 이 선에서 해결될 수 있다. 그러나 당사자들이 추가 항소가 필요하다고 느끼고 추가 비용을 감수할 용의가 있다면, 두 개 이상이 중재 기관을 연속적으로 받을 수 있을 것이다. 이러한 기관들은 계약서에 '제1 항소법원'부터 '최종 항소법원' 순으로 명시될 것이다. 오늘날의 미국 대법원처럼, 사회의 모든 사람을 위한 단 하나의 최종 항소법원만을 제공하는 것은 필요하지도 않고 바람직하지도 않다.[6]

---

5   Morris and Linda Tannehill, *The Market for Liberty* (Lansing, Michigan: privately printed, 1970), pp. 65-67.

6   Ibid., p. 68.

5

아나키스트 사회에서의 범죄 해결 방식

따라서 자유 사회에서의 중재를 묘사하는 점에는 거의 어려움이 없다. 그러나, 계약이 체결되지 않은 불법행위나 침해적인 범죄는 어떠한가? 아니면 계약 파기 당사자가 중재 판결을 거부한다면 어떻게 되는가? 단순한 사회적 배제만으로 충분한가? 다시 말해, 범죄자나 계약 위반자에 대한 판결을 집행할 힘을 자유시장 아나키스트 사회에서 법원은 어떻게 개발할 수 있는가?

넓은 의미에서, 방어 서비스는 신체와 재산에 대한 공격으로부터 개인을 보호하기 위해 무력을 사용하는 경호원과 경찰, 그리고 범죄자나 불법행위자를 구분 짓고 피해 보상이나 계약 유지 등의 사법적 보상을 집행하기 위해 사회적으로 공인받은 절차를 활용하는 판사와 법원으로 구성된다. 자유시장에서의 민간 법원과 경찰 간의 관계에 대해 많은 묘사가 가능하다. 예컨대, 그들은 [경제학에서 말하는] '수직적 통합'을 이룰 수도 있고, 별도의 회사에서 서비스를 제공할 수도 있다. 게다가, 높은 확률로 경찰 서비스는 고객에게 범죄 보험을 제공하려는 보험 회사에 의해 공급될 것이다. 그러한 경우, 보험 회사는 범죄, 계약 파기, 중재 판결 거부 등으로 피해를 본 고객에게 보험금을 지급한 뒤 가해자를 법정에 세우고 손해를 배상받기 위해 추적할 것이다. 보험 회사와 방어 서비스 사이에는 당연히 자연적인 시장 연관성이 있을 것인데, 그들이 범죄율을 낮추면 낮출수록 고객에게 지급해야 하는 보험금이 줄어들 것이기 때문이다.

법원은 자기 서비스를 공급하는 대가로 요금을 청구해야 하는데, 패소자에게 법정 비용의 지급을 요구할 수도 있고, 그렇지 않다면 고객들(개인, 경찰, 혹은 보험 회사 등)로부터 매월 혹은 매년 마다 요금을 지불받을 수도 있을 것이다. 예를 들어, 스미스가 폭행이나 강도를 당했는데 자신에게 유리한 중재 판결을 아직 받지 못한 피해 호소인이라고 가정해보자. 그는 존스가 가해자라고 생각한다. 스미스는 자신이 고용한 법원 A로 가서 존스를 고소한다. 내가 보기에는, 아나키스트 사회의 특징은 그 누구도 유죄 판결을 받지 않은 사람에게 무엇인가를 하도록 법적으로 강제할 수 없다는 것이다. 왜냐하면, 그것은 무고한 사람의 신체나 재산에 대한 침해이기 때문이다. 따라서 법원 A는 존스를 소환할 수 없고 오직 출석 초대만 할 수 있다. 물론 존스가 출석하지 않거나 대리인을 보내지 않는다면, 존스에 대한 재판은 그의 의견을 배제하고 진행될 것이다. 존스에 대한 재판에서 법원 A가 존스를 무죄로 판결한다고 가정하자. 내가 보기에는, 스미스가 법원 측의 총체적 무능이나 편향 혐의를 입증할 수 없다면, 이 문제는 반드시 여기서 종결되어야 한다는 법률이 아나키스트 사회에서 일반적으로 인정받을 것이다.

반대로 법원 A가 존스를 유죄로 간주한다고 가정해보자. 존스는 그 역시 해당 법원의 고객이기 때문에, 또는 자신이 유죄라는 것을 인정하기 때문에, 아니면 다른 이유로 그 판결을 받아들일 수 있다. 그러한 경우, 법원 A는 존스에 대한 판결을 내릴 것이다. 이 두 가지 사례는 아나키스트 사회의 모습을 상상할 때 별다른 난관으로 작용하지 않는다. 그러나, 존스가 그 결정에 이의를 제기하고, 법원 B로 가서 재판을 다시 받는다고 가정해보자. 그리고 법원 B 역시 존스를 유죄로 인정한다면, 아나키스트 사회에서 일반적으로 인정받는 법률은 여기서 문제가 종결되어야 한다는 점을 확고히 할 것으로 보인다. 양 당사자는 각자 선택한 법원에서 발언권을 행사했고, 만장일치로 유죄 판결이 나왔기 때문이다.

그러나 가장 어려운 경우를 가정해보자. 법원 B는 존스를 무죄로 판결한다. 양측 당사자가 신청한 두 법원이 각각 다른 판결을 내린 것이다. 이 경우 양 법원은 항소심, 즉 중재자에게 사건을 제출하기로 합의할 것이다. 항소법원 개념에 어떤 실질적인 어려움은 없어 보인다. 중재계약의 경우와 마찬가지로, 사회 내 여러 민간 법원은 자신들의 분쟁을 특정한 항소법원에 제출하기로 사전 합의를 할 가능성이 매우 클 것이다. 항소법원은 어떻게 선정될 것인가? 다시 강조하지만, 중재자 또는 자유시장 법원과 마찬가지로, 그들은 전문성, 효율성, 정직성, 그리고 청렴성에 대한 명성이 있을 때 선택받을 것이다. 비효율적이거나 편향된 법원들이 논쟁적인 항소심의 중재자로 선택될 가능성은 분명 거의 없을 것이다. 여기서 중요한 점은, 국가가 현재 법적으로 설립하고 제도화하여 제공하고 있는 단 하나의 독점 항소법원 제도는 필요하지 않다는 것이다. 오늘날 수많은 민간 중재자가 시장에서 활약하는 것처럼, 분쟁을 겪는 법원들이 선택한 효율적이고 정직한 항소법원들이 여럿 존재하지 않을 이유가 없다. 항소법원이 우리의 예시에서 존스를 유죄로 인정할 경우, 법원은 이를 집행할 것이다. 물론 존스가 일부 다른 법적 절차를 통해 판결의 편향성을 증명할 수 없다면 말이다.

어떠한 사회도 무한한 사법적 항소를 보장할 수는 없다. 그러면 판사와 법원의 존재 의미가 전혀 없기 때문이다. 그러므로 국가주의 사회이든 아나키스트 사회이든, 모든 사회는 재판과 항소에 대해 사회적으로 받아들일 수 있는 기준점을 가져야 한다. 나의 제안은 **어떠한 두 법원의 합의라도** 결정적인 것으로 받아들여야 한다는 규칙이다. 여기서 '둘'은 자의적인 수치가 아닌데, 범죄나 계약 분쟁의 혐의를 둘러싼 원고와 피고 두 당사자가 있다는 사실을 반영하기 때문이다.

법원이 유죄 판결을 집행할 수 있는 권한을 갖게 된다면, 이것은 국가를 새로운 형태로 부활시키는 것이고 따라서 아나키즘을 부정하는 것이 아닌가? 그렇지 않다. 이 글의 서두에서, 나는 아나키즘을 민간의 자발적인 기관들이 방어력을 사용하는 것을 배제하지 않는다고 명시적으로 정의했다. 마찬가지로, 침해로부터 자신을 방어하기 위한 무력의 사용을 허가하는 것, 그리고 그러한 방어를 위해 경호원이나 경찰기관을 고용하는 것은 국가를 부활시키는 것이 아니다.

그러나 아나키스트 사회에서 '사회'를 대리하여 기소하는 '검찰'(district attorney)은 존재하지 않는다는 점에 주목해야 한다. 오직 피해자만이 원고로서 기소할 수 있다. 만약 이 피해자들이 심지어 방어를 위한 힘도 반대하는 절대적 평화주의자들이라면, 그들은 가해자를 법정에 고발하거나 보복하지 않을 것이다. 이는 자유 사회가 그들에게 보장하는 권리이다. 만약 희생자가 살해당했다면, 그의 상속인은 살인 혐의자를 고발할 권리를 가진다.

햇필드 가문과 맥코이 가문의 문제(Hatfield-and-McCoy problem, 남북전쟁 당시 전우였던 햇필드와 맥코이가 고향으로 돌아가서 두 가문의 대들보로 성장하지만 심한 갈등을 겪으며 가문 대대로 서로를 수십 명 이상 살해했던 역사적 사건)는 어떠한가? 햇필드가 맥코이를 죽인 후, 맥코이의 상속인이 민간 보험 회사, 경찰, 법원을 고용하지 않고 스스로 보복하기로 한다고 가정해보자. 아나키스트 사회에서는 범죄를 저지르지 말아야 한다는 강제가 없으므로 맥코이는 완벽하게 그럴 수 있는 권리를 가진다. 그 누구도 맥코이에게 사적 보복을 하지 말고 법정으로 가도록 강제할 수 없다. 실제로 경찰이나 법원을 고용할 권리 자체가 정당방위의 권리에 근거하기 때문에, 그러한 강제를 도입하는 것은 자유 사회의 근간을 뒤흔드는 중대한 모순이다.

그렇다면, 살아있는 맥코이 가문의 구성원이 그가 살인자라고 믿는 햇필드를 찾아내어 죽인다면 어떻게 될까? 살아있는 햇필드 가문의 구성원에게 보복 살해를 당할 위험에 처한다는 것을 제외하면 아무런 문제가 없다. 여기서 강조해야 할 점은, 침해에 대한 방어에 근거하는 아나키스트 사회의 법은, 맥코이가 실제로 살인자 햇필드를 제대로 죽였다면 법원에서 맥코이를 상대로 소송을 진행할 수 없다는 점이다. 유일한 문제는 만약 그가 심각한 실수를 저질러서 엉뚱한 사람을 죽였다는 것을 법원이 포착했을 때 발생한다. 그 경우 그는 살인죄로 유죄 판결을 받을 것이다. 확실한 점은, 대부분은, 사람들은 그들의 사건을 법원에 가져감으로써 그러한 문제의 위험을 사전에 방지하고, 방어적 보복을 가할 수 있는 사회적 승인을 얻기 위해, **개인적인 보복보다는** 주어진 사건의 범인이 누구인지 결정하는 데 너 정확한 절차를 선호할 것이다. 실제로, 그 어떤 경우에서도 사법적 절차의 목적은 누가 범죄자인지, 계약 위반자인지 판단할 일반적 합의의 방법을 찾는 것이다. 사법적 절차 그 자체가 좋은 것은 아니다. 그리하여, 예컨대 잭 루비(Jack Ruby)가 리 하비 오스왈드(Lee Harvey Oswald)를 공중파 TV 생중계 중 암살하여 살인자와 피해자가 모두에게 명백하게 밝혀지면, 복잡한 사법적 절차를 거칠 필요가 없다.

6

아나키스트 사회에서의 민간 법원과 경찰의 변질 가능성과 그 대책

민간 법원이 사악하고 부정직한 기관으로 변질하거나, 민간 경찰이 강제력을 행사하며 범죄를 저지르고 돈을 갈취하는 악당이 될 가능성도 존재하지 않는가? 물론 인간의 본성적 성향을 고려한다면 그러한 사건이 일어날 수 있다. 아나키즘은 도덕적 만병통치약이 아니다. 그러나, 중요한 점은 국가주의 사회와 대조적으로, 시장에는 그러한 가능성을 엄중하게 견제하기 위한 힘이 존재한다는 것이다. 첫째, 판사들은 중재자와 마찬가지로 효율성과 공정성에 대한 명성에 비례하여 시장에서 성공할 수 있다. 둘째, 자유시장에서는 부패한 재판소나 범죄적 경찰력에 대한 중요한 견제와 균형이 존재한다. 즉, 피해자들이 보상을 청구할 수 있는 경쟁적인 법원과 경찰기관이 존재한다. 만약 '푸르덴셜 경찰 회사'가 범법자로 전환하고 강제를 통해 피해자들로부터 수익을 갈취한다면, 피해자들은 '무추얼 경찰 회사' 또는 '에퀴터블 경찰 회사'에 푸르덴셜을 상대로 방어권 행사와 고발을 요청할 권한을 가지게 된다. 이것이 바로 삼권분립 따위의 허구로 포장된 모든 사회제도의 국가독점이 가지는 가짜 견제와 균형으로서는 따라잡을 수 없는 자유시장의 **진정한** '견제와 균형'이다. 실제로,

국가가 '보호 서비스'를 독점한다면, 국가가 국민에게서 돈을 갈취하기 위해 자신의 독점적인 강제 수단을 쓴다면 도대체 어떻게 막을 수 있다는 말인가? 국가를 저지하고 제한하는 것은 무엇인가? 그런 건 없다. 모든 총검을 손에 쥔 세력에 대항하는 극도로 어려운 혁명을 제외하면 아무것도 국가를 저지할 수 없다. 실제로 국가는 세금 절도와 '보호'의 강제 독점에 관여하면서 범죄와 침해를 위한 쉽고 합법화된 통로를 만들어낼 뿐이다. 심각한 '보호비 갈취'를 거대하고 엄청난 규모로 수행하는 것이 바로 국가다. 국가는 "보호의 대가로 비용을 지급하지 않는다면 뒷일은 각오하라."라고 말하고 다닌다. 국가 활동의 거대함과 태생적 성격을 고려한다면, 하나 이상의 민간 경찰기관이 '보호비 갈취'를 시도할 가능성이 가지는 위협은 상대적으로 작은 것이 사실이다.

더 나아가, 국가가 마음대로 권력을 행사할 수 있는 필수적 요인은 대다수 대중이 그것의 정당성을 인정한다는 점에 있다. 수 세기 동안의 선전을 통해, 국가의 약탈은 오히려 자비로운 봉사로 여겨지게 되었다는 사실을 고려해야 한다. 세금은 질도기 이니라고, 전쟁은 대량 살인이 아니라고, 징병제는 노예제가 아니라고 받아들여진다. 이와 다르게, 민간 경찰기관이 범법자가 된다면, '푸르덴셜'이 보호비를 갈취한다면, 그것은 국가와 달리 수 세기에 걸쳐 획득해온 사회적 정당성이 없다는 점에 주목하라. '푸르덴셜'은 '공익'이나 '일반 복지'를 증진하는 데 이바지하는 정당하거나 신으로부터 권리를 부여받은 '주권자'가 아니라 단순한 도적

떼로 받아들여질 것이다. 그리고 정당성이 없는 결과, '푸르덴셜'은 자유시장에서 대중의 분노, 그리고 다른 민간 경찰과 법원을 비롯한 방어기관들의 방어권 행사와 보복에 직면해야 할 것이다. [자유시장의] 이러한 태생적인 견제와 제한을 고려한다면, 자유 사회가 도적 떼의 지배로 성공적으로 타락할 가능성은 극도로 낮다고 말할 수 있다. 실제로, 역사적으로 볼 때 국가가 무국가(stateless) 사회를 대체하는 것은 매우 어려운 일이었다. 보통 국가는 사회 내부의 진화 결과가 아니라 외부의 정복 결과로 탄생했다.

아나키스트 사회에서의 법의 발견과 채택

민간 법원들이 기본적이고 공통된 법에 구속되어야 하는지에 대한 논쟁이 아나키스트 진영 내부에서 많이 이루어져 왔다. 법이나 법원의 의사결정 기준의 완전히 새로운 제도를 개발하려는 창의적인 시도들이 이어지고 있다.[7] 나의 견해로는, 모든 사람은 기본적인 법칙을 준수해야만 한다. 특히, 침해에 관한 법에 따른 제재를 제공하지 않는 체제로서의 아나키즘에 대한 우리의 정의를 충족시키기 위해서는, 신체와 재산에 대한 침해의 개시를 금지하는 기본적 법칙을 모두가 준수해야 한다. 예컨대, 사회의 한 집단이 모든 빨간 머리를 보이는 즉시 총살해야 하는 악마라고 주장한다고 가정해보자. 이 집단의 일원인 존스는 빨간 머리를 가진 스미스를 총으로 쏘았다. 스미스나 그의 상속인이 존스를 법정에 세우지만, 존스에게 철학적으로 감화된 존스의 법원은 그를 무죄로 판결한다. 나는 모든 법원이 신체와 재산의 침해당하지 않을 권리를 옹호하는 리버테리언 법률을 받아들이는 경우에만 합법적으로 간주할 수 있다고 생각한다. 그러나 반대로, 법원이 다양한 사례에서 신체와 재산에 대한 침해

---

7   E.g., David Friedman, *The Machinery of Freedom* (New York: Harper and Row, 1973).

를 허가하고, 상기한 아나키즘의 정의와 충돌하며, 설령 국가까지는 아니더라도 국가주의의 강력한 요소와 합법화된 침해를 사회에 도입하려는 법률을 채택했다고 가정해보자.

여기서도 나는 극복 불가능한 어려움을 찾을 수 없다. 만약 법원이 그러한 법률을 채택했다면, 아나키스트들은 자기들의 신념을 주장하는 데 있어서, 사회에서 신체와 재산에 대한 합법화된 침해를 폐지한다는 아나키스트 신조의 핵심으로서 일반적인 리버테리언 법률이 반드시 채택되어야 한다고 강하게 요구할 것이다.

모든 법원이 일반적 법률을 받아들여야 하는 것과 별개로, 법원 판결의 다른 측면들은 시장이나 의뢰인의 요구에 따라 정당하게 달라질 수 있다. 예컨대, 소송이 진행될 언어, 관여하는 판사의 수 등이 그러하다.

여기서 구체적으로 논의하기는 여백이 많지 않지만, 기본법률을 둘러싼 다른 문제들도 있다: 예컨대, 재산 소유권을 정의하는 것과 유죄 판결을 받은 범죄자에 대한 정당한 처벌의 문제가 그러하다. 비록 후자는 국가주의 법률 체제에서도 큰 문제이지만 말이다.[8] 그러나 기본적인 요점은, 법적 원칙을 세우고 정교화하는 데 국가는 필요가 없다는 점이다: 실

---

8   이 점에 대해 더 자세히 알고 싶다면, Murray N. Rothbard, *For a New Liberty* (New York: Macmillan, 1973)을 보라.

제로, 관습법, 상사법, 해사법, 그리고 다른 민간 법의 많은 부분은 국가와 별개로 만들어진 것이다. 그러한 법들은 법관들이 제정한 것이 아니라 관습이나 이성으로부터의 추론을 통해 합의한 원칙들에 근거하여 형성된 것이다.[9] 국가가 법을 **만드는 데** 필요하다는 발상은, 우편이나 경찰력을 국가가 공급해야 한다는 발상만큼이나 신화적이다.

이제 이 글에서 분쟁을 해결하기 위한 아나키스트 체제가 일단 채택된다면 무한히 작동하고 지속할 수 있다는 점을 충분히 보여주었다고 생각한다. 물론 그러한 체제에 **어떻게 도달하는가**는 매우 다른 문제이지만 말이다. 마지막으로 한마디 하자면, 사람들이 아나키스트 체제의 작동 가능성을 확신하지 않는다면, 즉 국가가 **필요악**이 아니라는 점을 인식하지 않다면 우리의 목표는 결코 실현될 수 없을 것이다.

---

9 Bruno Leoni, *Freedom and the Law* (Princeton, New Jersey: D. Van Nostrand Co., 1961)을 보라.

Murray N. Rothbard

부록:
아나코 캐피탈리즘의 응용:
다섯 편의 에세이

1

국가가 자발적이라는 환상

[The State as a Voluntary Institution: A Critique | Mises Institute]
[https://mises.org/mises-wire/state-voluntary-institution-critique]

경제학이 발전하면서 자유로운 개인 간 교환에 대해서는 여러 분석이 나왔지만, 국가의 경제적 효과는 상대적으로 관심을 덜 받는 주제였다. 앞서 언급했듯이 일반적으로 국가는 그저 자발적인 제도 정도로 여겨져 왔다. 특히 정부가 다수의 동의를 받았기 때문에 국가를 자발적 제도라고 주장하는 견해가 강한 지지를 받는다. 그러나 후생경제학은 어떤 변화가 모든 사람에게 이익이 되거나, 적어도 누구에게도 해를 끼치지 않으면서 일부 사람에게 이익이 된다면, 그 변화는 후생의 증가를 가져온 것으로 간주할 수 있다는 만장일치의 원칙(Unanimity Rule)을 따라야 하는데, 이때 다수가 동의하더라도 명백히 만장일치는 아니라는 단순한 사실 덕분에 국가를 자발적 제도로 간주하고 사회적 후생에 긍정적 기여를 할 수 있다고 바라보는 것은 경제학적으로 지지할 수 없게 된다. 민주정의 다수결 투표절차에도 같은 비판이 적용된다. 패배한 후보에게 투표를 한 사람과 투표장에 가지 않은 사람이 정부의 행동을 자발적으로 승인했다고 보기 어렵다.[1]

---

1   슘페터는 이 점에 대해 "세금을 클럽의 회비 혹은 의료 서비스의 비용 등으로 비유하는 이론은 이

최근에 일부 경제학자들은 국가의 행동을 경제학적으로 옹호하기 위해서는 국가가 자발적인 제도라는 점을 입증해야만 한다는 점을 깨달으면서 국가의 본질을 더 신중하게 분석하기 시작했다. 이 중 보멀(William J. Baumol) 교수가 제시한 외부 경제(external economy) 이론이 가장 주목할 만하다.[2] 보멀에 따르면 어떤 욕구들은 본질적으로 '개인적'(individual)이지 않고 '집단적'(collective)이다. 개인은 자신의 가치 척도(value scale)에 따라 다음 선택지들을 고려한다. (a) 그는 집단적 욕구의 만족(예를 들어 군사적 보호, 공원, 댐 등)을 위해 **자신**만 빼고 다른 **모두**가 강제로 비용을 지불하는 것을 가장 선호한다. 그러나 이는 현실적으로 불가능하므로 그는 B와 C 둘 중 하나를 선택해야 한다. (b) **아무도** 그 서비스에 비용을 강제로 지불하지 않는다. 이때 모든 사람이 비용을 지불하기를 꺼리고 다른 사람이 대신 내주기를 기대하면서 서비스 자체가 공급되지 않는다. (c) 그를 포함한 **모두가** 서비스의 비용을 강제로 지불한다. 보멀은 사람들이 결국 C를 선택하게 된다고 결론짓는다. 모든 사람이 기꺼이 강제되기를 선호할 것이므로 국가가 이러한 서비스를 제공하는 것은 "실질적으로 자발적"이라는 주장이다.

러한 사회과학이 과학적 정신을 심각하게 결여하고 있다는 점을 스스로 증명할 뿐이다."라고 경멸한 바 있다. 조지프 A.슘페터, 《자본주의, 사회주의, 민주정(Capitalism, Socialism and Democracy)》(뉴욕: 하퍼 앤 브라더스, 1942), 198쪽. 더 현실적인 분석은 몰리나리의 《내일의 사회(The Society of Tomorrow)》(87~95쪽)를 참조하라.

2 보멀 《경제 이론과 정치학자(Economic Theory and Political Scientist)》, 세계정치(1954년 1월) 275-77쪽, 그리고 보멀의 《후생 경제학과 국가 이론(Welfare Economics and the Theory of the State)》를 보라.

여러 측면에서 보멀의 주장을 검토할 수 있다. 첫째, 사람들이 기꺼이 강제되기를 선호할 수 있기 때문에 자발적 강제가 타당한 개념이라는 주장 자체가 어불성설이다. 만약 어떤 결정이 정말로 자발적이라면, 세금을 강제로 부과할 필요 자체가 없을 것이다. 사람들은 집단적 목표를 달성하기 위해 자발적으로 자신의 몫을 기꺼이 납부하겠다는 의사를 공공연히 밝혔을 것이다. 만약 모든 사람이 세금을 내지 않고 아무것도 얻지 못하는 선택지보다 세금을 공공 서비스를 얻는 것을 더 선호한다면, 그들은 그 목표를 달성하기 위해 비용을 **기꺼이** 지불할 것이다. 그렇다면 세금이라는 강제적 장치가 굳이 있을 필요는 없다. 만약 그것이 정말 필요하다면 세금을 강제로 거두지 않아도 비용을 자발적으로 납부할 것이다. 돈을 쓰기 싫은 티를 낼 수는 있겠지만 말이다.

둘째, 보멀의 주장이 **대다수** 사람들에게 적용될 수 있다는 점은 어느 정도 사실일 것이다. 정부가 계속 존속하기 위해서는 다수의 사람들로부터 수동적이든 적극적이든 지지를 받아야 하기 때문이다. 그러나 다수의 사람들이 다른 사람을 강제하기 위해 자신도 강제당하는 것에 기꺼이 기꺼이 동의한다고 하더라도(그러나 이는 다른 사람을 강제하기 위한 술수에 불과할 것이다) 후생경제학에서 어떤 주장을 펼칠 때는 아무런 의미가 없다. 후생경제학의 결론은 다수결이 아니라 **만장일치**에 기반해야 하기 때문이다. 보멀은 **모든 사람**이 이런 가치 체계를 갖고 있다고 주장할 수 있는가? 사회에 모두를 강제하는 것보다 모두의 자유를 더 선호하는 사람이 단 한

명도 없다고 장담할 수 있는가? 만약 그런 **단 한 사람**이라도 존재한다면, 보멀은 더 이상 국가를 자발적인 제도라고 부를 수 없게 된다. 그런 개인이 존재하지 않는다고 **선험적** 혹은 경험적 차원에서 주장할 수 있을까?[3]

보멀의 주장을 더 구체적으로 살펴보자. 그가 자발적 강제의 존재를 입증할 수는 없다고 하더라도, 만약 특정 서비스가 자유시장에서는 도저히 공급될 수 없다는 것이 사실이라면, 이는 자유시장 "메커니즘" 자체의 심각한 약점을 드러내는 것이 아닐까? 강제력을 동원해서만 필요한 서비스를 얻을 수 있는 사례가 있을지도 모른다. 언뜻 보기에는, 보멀이 제시한 '외부 경제'는 이 점을 잘 보여주는 것 같다. 군사적 보호, 댐, 고속도로 등의 서비스는 분명 중요하다. 사람들은 이런 서비스가 제공되기를 원하지만, 타인이 비용을 내주기를 바라면서 자신은 빠지려는 경향이 있지 않겠는가? 국가가 공공 서비스를 제공해야 한다는 주장을 강력하게 뒷받침하는 것처럼 보이는 이 예시는 그럴듯하지만 사실 순환 논법에 불과하다. 오직 시장이 아니라 국가가 이러한 서비스를 제공하는 상황에서만 이 이상한 조건이 성립할 수 있다. 시장과 다르게 국가는 서비스의 제공과 비용의 징수를 완전히 분리할 수 있다. 국가는 보통 자신이 제공

---

[3] 갤브레이스는 이러한 가정을 전제하지만 별다른 근거를 제시하지 못한다. 참고: John K. Galbraith, 《경제학 그리고 논쟁의 기술(*Economics and the Art of Controversy*)》(뉴저지 뉴브런즈윅: 럿거스대학교 출판부, 1955), 77–78쪽.

하는 서비스를 무상으로, 그리고 비교적 차별 없이 모든 시민에게 제공하기 때문에 개인들은 서비스를 확실하게 받을 수 있다. 그렇다면 당연히 세금 납부를 회피하려는 경향을 가지게 된다. 시장에서는 반드시 비용을 납부해야 얻는 것이 있지만 세금의 납부와 서비스를 누리는 것 사이에는 연결이 없다. 이 조건 자체가 국가 행위의 결과로써 발생했다는 점을 고려한다면, 이러한 조건을 근거로 국가 행위를 정당화하는 것은 터무니없다.

그렇다면, 보멀의 둘째 논점처럼 어떤 욕구는 '개인적'이지 않고 '집단적'이기 때문에 국가가 나서서 충족시켜야 하는 것이 아닐까? 우선 집단적 욕구가 존재한다고 해서 반드시 국가의 간섭이 필요한 것은 아니라는 점을 몰리나리(Gustave de Molinari)가 보였다는 점을 언급하고 싶다. 더욱이 집단적 욕구라는 개념 자체도 의심스럽다. 집단적 욕구가 존재하기 위해서는 그것을 가진 어떤 집단적 실체가 존재해야 한다. 보멀은 이러한 까다로운 전제를 회피하기 위해 애쓰지만 그의 노력은 안타깝게도 실패했다. 보멀이 긍정적으로 인용한 하벨모(Trygve Haavelmo)의 "집단 행동" 논의에서도, 어떤 특정 개인이나 단일 집단만으로는 설명되지 않는 초개인적(혹은 초집단적) 의사결정 구조와 실행력을 전제한다는 점이 분명하게 드러난다. 하벨모는 집단 행동이 "개별 집단 각각의 기능적 범위를 넘어서는 사고방식과 행동 능력을 필요로 한다"고 인정한다.[4]

---

4 하벨모, 《비자발적 경제적 결정이라는 개념(The Notion of Involuntary Economic Decision)》 로텐버그

보멀은 일부 서비스는 오직 "공동으로만" 자금을 마련할 수 있고, 사람들에게 공동으로 제공된다고 주장함으로써 집합적 실체를 전제할 필요성을 부정하려 시도한다. 그에 따르면 개인으로 가득 찬 시장에서는 이러한 서비스가 도저히 공급될 수 없다. 이는 정말로 기이한 주장이다. 왜냐하면 대부분의 대기업은 막대한 자본을 공동으로 조달하여 운영되며, 많은 소비자들에게 공동으로 서비스를 제공하는 경우가 많기 때문이다. 누구도 철강, 자동차, 보험 같은 산업의 자금이 공동으로 조달되므로 민간 부문에서 공급할 수 없다고 주장하지 않는다. 공동 소비에 대해 말하자면, 사실 소비는 결코 공동일 수 없다. 왜냐하면 오직 개인만이 존재하고, 욕구를 충족할 수 있는 것도 개인뿐이기 때문이다. 따라서 모든 소비는 결국 개별적으로 이루어질 수밖에 없다. 동시에 거의 모든 소비는 "공동적"이다. 보멀은 공원이 다수에 의해 동시에 소비하는 공간이라는 점에서 '집단적 욕구'의 사례라고 주장하고 정부가 공원을 공급해야 한다고 말한다. 그렇다면 극장은 더욱 공동적일 것이다. 모든 사람이 같은 시간에 극장에 가야 하기 때문이다. 그렇다면 모든 극장은 국유화되어야 하는가? 더 넓은 관점에서 보면 오늘날의 모든 소비는 거대한 시장을 위한 대량 생산에 의존하고 있다. 보멀이 특정 서비스들을 시장에서 분리하여 그것들을 "상호 의존의 예시" 또는 "외부 경제"라고 분류할 근거는

(Rothenberg)가 긍정적으로 인용한 시몬(Yves Simon)은 이보다 더 노골적이다. 그는 개인의 사고와 의지와는 구별되는 "공적 이성(public reason)"과 "공적 의지(public will)"의 존재를 전제한다. Yves Simon, 《민주정 정부의 철학(Philosophy of Democratic Government)》(시카고: 시카고대학교 출판부, 1951); Rothenberg, "Conditions," 402-403쪽을 참조하라.

없다. 만약 충분히 많은 사람이 철강, 자동차, 냉동식품 또는 그 외 거의 모든 재화를 함께 원하지 않는다면, 어떤 개인도 이러한 상품을 구매할 수 없을 것이고 대량 생산도 성립할 수 없다. 보멀이 말하는 상호 의존은 우리 주변 어디에나 존재하며 그중 일부 서비스만을 따로 떼어내 "집단적"이라고 부르는 데에는 합리적인 기준이 없다.

이제 보멀의 논지와 비슷하지만 그것보다는 더 그럴듯한 주장을 살펴보자. 특정 서비스는 시장 자체의 존속을 위해 너무나도 필수적이기 때문에 시장 외부에서 집단적 공급을 통해 제공되어야 하지 않을까? 어떤 기초 서비스들(보호, 운송 등)은 시장에 정말 깊이 스며들어있고 시장 활동이 성립하기 위한 선행 조건이라는 주장이다. 그러나 이 주장은 지나친 확대 해석의 오류를 범한다. 이는 재화를 **한계 단위**(marginal units)로서 바라보지 않고 거대한 집합(classes)으로 다룬 고전학파 경제학자들의 오류와 비슷하다. 시장의 모든 행위는 한계 단위에서 이루어지고, 바로 그렇기 때문에 가치 평가와 생산 요소에 대한 가치 생산성의 귀속이 가능하다. 만약 우리가 한계 단위가 아니라 전체 집합의 관점에서 생각한다면, 모든 시장 활동이 필수적인 선행 조건이라는 점을 발견할 수 있을 것이다. 토지, 방, 음식, 의복, 주거, 에너지, 심지어 종이까지도 말이다. 그렇다면 이 모든 것을 국가만이 공급해야 하는가?

수많은 오류를 제거하고 나면, '집단적 욕구'라는 주장은 결국 다음과 같은 내용으로 귀결된다: 시장에서 일부 사람들은 다른 사람들의 행위로부터 아무런 대가도 치르지 않고 이익을 얻는다는 것이다.[5] 이것은 흔히 무임승차의 문제로 알려져 있는데, 아마도 사실상 유일하게 의미 있는 "외부 경제" 논리이자 시장에 대한 핵심 비판일 것이다.[6] A와 B는 댐 건설에 비용을 대기로 결정한다. C는 비용을 내지 않았음에도 이득을 본다. A와 B는 비용을 지불하고 교육을 받는다. C는 교육을 받은 사람과 교류하면서 간접적으로 이득을 본다. 이러한 사례는 아마 셀 수 없이 많을 것이다. 그러나 이 문제를 두고 왜 그렇게 야단법석인지 이해하기 어렵다. 내가 이웃이 가꾼 정원을 보는 즐거움을 누린다고 해서 세금을 내야 한다는 말인가? A와 B가 어떤 재화를 구매한다는 사실은 **그들이** 재화를 얻기 위해 대가를 기꺼이 지불할 의사가 있음을 보여준다. 그들의 소비가 C에게 간접적으로 이익을 준다고 해도 손해를 본 것이 없다. 만약 A와 B만 비용을 부담하는 상황에서 C가 혜택을 누리지 못한다고 느낀다면, 그 역시 자발적으로 비용에 보탤 것이다. 어느 경우든 모든 개인은 이 문제에 대해 자신의 선호를 바탕으로 판단한다.

---

5 스펜서의 유사한 입장에 대한 비판은 S.R의 《스스로를 비판한 스펜서(Spencer As His Own Critic)》 리버티(1904년 6월호)를 참조하라.

6 미제스가 보여주었듯이 유명한 "외부 불경제(external diseconomy)" 문제들 (소음, 매연 피해, 어업 자원의 고갈 등)은 사실 전혀 다른 범주의 문제에 속한다. 이러한 "문제들"은 사유재산이 침해로부터 충분히 방어되지 못한 데에서 비롯된 것이다. 그러므로 이는 자유시장의 결함이 아니라 침해의 결과이다. 즉, 자유시장의 정의상 허용되지 않는 재산권 침해의 결과인 것이다. 미제스의 《인간 행동(Human Action)》 650-656쪽을 참조하라.

사실 우리 모두가 무임승차자다. 우리는 조상들이 이룬 투자와 기술 발전의 혜택을 공짜로 누리고 있다. 우리는 이 고마운 사실 때문에 누더기 옷을 입고 참회하거나 국가의 지시에 복종을 해야만 하는가?

보멀과 그의 지지자들은 일관성이 없다. 한편으로 그들은 악의적인 무임승차자가 대가를 지불하지도 않고 이익을 얻을 수도 있다는 이유로 행동을 개인의 자발적인 선택에 맡겨서는 안 된다고 주장한다. 그런데 다른 한편으로는 사람들이 무임승차자를 충분히 도와주지 않는다고 비난하기도 한다. 이를테면 보멀은 투자자들이 자신의 시간선호를 거스르고 더 많이 투자하지 않는다고 비판한다. 그러나 분명히 합리적인 입장은 무임승차자를 처벌하지도, 그렇다고 특별한 특권을 부여하지도 않는 것이다. 이것이야말로 만장일치의 원칙과 입증된 선호에 부합하는 유일한 해결책이다.[7]

"집단적 욕구" 논리는 무임승차자 문제라는 의미 있는 문제 제기를 하는 것이 아니라 단지 개인의 가치 판단에 대한 윤리적 공격일 뿐이다. 이는 경제학자가 윤리학자의 역할을 자처하며 다른 사람들의 행동을 그들

---

[7] 보멀에 대한 훌륭하지만 한계가 있는 비판에서, 레더(Reder)는 보멀이 개인들이 자발적으로 형성한 사회 조직을 완전히 무시하고 있다고 지적한다. 왜냐하면 보멀은 국가를 유일한 사회 조직으로 전제하고 있기 때문이다. 이러한 오류는 보멀이 "개인주의적"이라는 개념을, 누구도 자신의 행동이 타인에게 미치는 영향을 고려하지 않는 상황으로 정의하는 데서 부분적으로 비롯된 것일 수 있다. Melvin W. Reder, 보멀의 《후생경제학과 국가이론 서평 (Review of Baumol's Welfare Economy)》, 정치경제학 저널(Journal of Political Economy), 1953년 12월호, 539쪽. 참조.

의 판단대로 하도록 내버려두는 것이 아니라 자의적 판단으로 훈계를 두려는 욕망에 지나지 않는다. 이 점은 슈라니웅거(Theo Suranyi-Unger)의 주장에서도 분명하게 드러난다: "개인은 효용과 고통에 대한 인색하거나, 무분별하거나, 경박한 평가에 따라 행동할 수 있으며, 이에 상응하여 공동체 책임감도 낮거나 아예 없을 수 있다."[8]

시토프스키(Tibor Scitovsky)는 "금전적 외부 경제(pecuniary external economies)"라는 개념을 통해 보멀과 비슷하면서도 다른 방식으로 자유시장을 비판한다.[9] 간단히 말해 이 개념은 항등순환경제(evenly rotating economy)에서의 일반균형(현실에서는 도달할 수 없는 상태)을 윤리적 "이상향"으로 오해하는 흔한 오류를 범하고 있다. 따라서 이윤이 존재한다는 자연스러운 현상을 그러한 이상에서의 일탈이라고 부당하게 문제 삼는다.

마지막으로 국가를 자발적인 제도로 규정하려 한 뷰캐넌(Buchanan) 교수의 최근 시도를 언급할 필요가 있다.[10] 뷰캐넌의 주장은 다소 기묘한

---

8 슈라니웅거, 《개인과 집단적 욕구(Individual and Collective Wants)》 1-22쪽. 슈라니웅거는 또한 "집단화된 욕구 충족의 '집단적 효용'"과 같은 무의미한 개념을 사용한다.

9 시토프스키, 《외부 경제의 두 개념들(Two Concepts of External Economies)》, 정치경제학 저널 (1954년 4월): 144-51쪽

10 뷰캐넌, 《사회적 선택, 민주정, 그리고 자유시장(Social Choice, Democracy, and Free Markets)》, 정치경제학 저널, 1954년 4월호, 114-123쪽; 그리고 《투표와 시장에서의 개인 선택(Individual Choice in Voting and the Market)》, 동 저널 1954년 8월호, 334-343쪽을 참조하라. 이 외의 여러 측면에서 뷰캐넌의 논문들은 상당히 훌륭하다.

변증법에 근거하고 있는데, 그것은 민주정에서의 다수결이 실제로는 만장일치라는 것이다. 왜냐하면 다수는 언제든지 바뀔 수 있기 때문이다! 정치적 과정에서 벌어지는 권력 다툼과 줄다리기는 한번 결정된다고 해서 영원히 바뀌지 않는 것이 아니므로 결국 사회적 만장일치로 이어진다는 주장이다. 그러나 끊임없는 정치적 갈등과 교착 상태가 실은 신비로운 사회적 만장일치에 해당한다는 이 논리는, 일종의 헤겔적 신비주의로의 퇴행이라 하지 않을 수 없다.[11]

---

11 다음 구절을 살펴보면 사실 뷰캐넌조차 이 "만장일치" 개념이 얼마나 취약한지를 어렴풋이 알고 있는 것 같다. "달러 투표는 결코 무효화되지 않으며, 개인은 결코 반대 소수파의 입장에 놓이지 않는다. 반면에 정치적 투표 과정에서는 그렇지 않다."《투표와 시장에서의 개인 선택(Individual Choice in Voting and the Market)》339쪽. 뷰캐넌의 접근은 정치적 선택에서의 일관성 결여와 우유부단함을 오히려 긍정적인 미덕으로 치켜세우는 데까지 나아간다.

2

자유시장이란 무엇인가

[What Is the Free Market? | Mises Institute]
(https://mises.org/mises-daily/what-free-market)

자유시장은 사회에서 이루어지는 다양한 교환 행위를 포괄적으로 지칭하는 용어다. 시장 교환은 두 당사자, 또는 대리인이 대표하는 두 집단 사이에서 자발적인 합의에 따라 이루어진다. 이때 교환의 양측은 유형의 재화이든 무형의 서비스이든, 각자가 보유한 경제적 재화를 서로 맞바꾼다. 예컨대 내가 노점에서 신문 한 부를 500원에 사면, 노점상과 나는 두 상품을 교환한 셈이 된다. 나는 500원을 내놓고, 노점상은 신문을 건넨다. 마찬가지로 내가 회사에서 일한다면, 나는 합의된 방식으로 노동 서비스를 제공하고 그 대가로 금전적 보수(임금)를 받는다. 여기서 기업은 고용 권한을 가진 내리인을 통해 교환에 참여한다.

교환의 양 당사자가 거래에 나서는 이유는 각자가 그로부터 이익을 얻으리라 기대하기 때문이다. 만약 교환이 당사자들의 사전적 기대에 부합했다면 다음에도 교환할 것이고, 그렇지 않았다면 거절할 것이다. 다시 말해 거래 또는 교환은 양측이 이익을 얻기 때문에 성사된다. 이익을 기대하지 못한다면 애초에 교환에 동의하지 않을 것이다.

이 단순한 논리는 16~18세기 유럽 '중상주의' 시대의 (특히 프랑스 수필가 몽테뉴가 제시한) 고전적인 자유무역 반대론을 반박한다. 중상주의자들은 어떤 무역이든 한쪽이 이익을 얻으면 다른 쪽은 손해를 본다고 주장했다. 즉 모든 거래에는 승자와 패자, '착취자'와 '피착취자'가 있다는 것이다. 그러나 실제로 사람들은 기꺼이, 심지어 간절히 교환하려고 한다. 이는 양측 모두 이득을 본다는 사실을 단번에 보여준다. 현대 게임 이론의 용어를 써보자면, 무역은 '제로섬'이나 '음의 합'이 아니라 '양의 합', 즉 서로 이기는 (윈-윈) 상황이다.

교환에서 양측이 모두 이익을 얻는 이유는 각자가 자신과 상대방이 가진 재화나 서비스를 서로 다르게 평가하기 때문이다. 돈은 있지만 신문이 없는 나와, 신문은 많지만 돈이 필요한 노점상이 만났을 때 거래가 이루어진다.

교환을 성사시키는 합의의 조건, 곧 '얼마에 살 것이냐'는 두 요인에 의해 결정된다. 첫째는 각 참여자가 해당 재화에 부여하는 가치이고, 둘째는 각자의 흥정 능력이다. 신문 한 부와 얼마의 돈을, 혹은 베이브 루스 카드와 미키 맨틀 카드를 몇 장씩 맞바꿀지는 각각 신문 시장과 야구 카드 시장의 모든 참여자가 다른 재화와 비교해 그 상품을 얼마나 가치 있게 평가하느냐에 달려있다. 이러한 교환 조건, 즉 '가격'은 결국 그 상품이 시장에 얼마나 공급되어 있는지와 구매자들이 그 상품을 얼마나 선호하는지, 다시 말해 공급과 수요의 상호작용에 의해 정해진다.

어떤 재화의 공급량이 일정할 때 구매자들의 평가가 높아져 수요가 증가한다면, 더 많은 돈이 그 재화에 몰리게 되고 가격이 오른다. 반대로 가치와 수요가 떨어지면 가격도 내려간다. 만약 수요가 일정할 때 공급이 늘어나면 재화 단위(예: 야구 카드 한 장이나 빵 한 덩어리)의 가치는 떨어지고 가격도 하락한다. 공급이 줄면 반대로 가치가 높아지고 가격은 상승하게 된다.

시장은 단순한 배열(array)이 아니라 고도로 복잡하게 맞물린 교환의 격자망(latticework)이다. 원시 사회에서는 모든 교환이 물물교환, 즉 직접교환이다. 두 사람이 직접 유용한 재화를 맞바꾼다(말 한 필과 소 한 마리, 미키 맨틀 카드 몇 장과 베이브 루스 카드 한 장 등). 그러나 사회가 발전하고 상호 이익을 추구하는 과정이 서서히 복잡해지면서 많은 사람이 유용하고 가치 있다고 동의하는 한두 가지의 재화가 간접교환의 매개체, 즉 화폐로 선택된다. 화폐로 선택된 재화(대개 금이나 은이지만 항상 그런 것은 아님)는 본래의 용도뿐 아니라 다른 재화를 취득하기 위한 교환수단으로서의 수요가 더 강해진다. 철공에게 임금을 철근이 아니라 화폐로 지급하면 그는 그 돈으로 원하는 것을 살 수 있어 훨씬 편리하다. 모두가 그 화폐를 받아들일 것이라고 경험적으로 알고 있기 때문에 철공 역시 돈을 기꺼이 수용한다.

오늘날 시장에서 거의 무한에 가까운 교환의 격자망이 가능한 이유는 전적으로 화폐 덕분이다. 각 개인은 분업과 특성화를 통해 자신이 가장 잘할 수 있는 생산 활동에 기여한다. 생산은 천연자원에서 출발해 각종 기계와 자본재를 거쳐 최종적으로 소비재로 이어진다. 생산 과정의 각 단계에서 화폐가 자본재, 노동, 토지 등을 사람들이 자발적으로 사고파는 데 사용된다. 그리고 각각의 교환 조건, 즉 가격은 공급자와 수요자의 자유로운 상호작용으로 정해진다. 시장은 모든 단계의 선택이 자유롭고 자발적으로 이루어지기 때문에 '자유시장'이다.

자유시장과 자유가격 체계는 전 세계의 상품을 소비자에게 제공한다. 자유시장은 기업가들로 하여금 리스크를 감수하면서 자본을 활용하고 자원을 배분하여 소비자의 미래 욕구를 가능한 효율적으로 충족시키기 위해 노력하도록 유도한다. 저축과 투자는 자본재를 개발하고 노동자의 생산성과 임금을 늘려 그들의 생활 수준을 향상시킨다. 자유롭게 경쟁하는 시장은 새롭고 창의적인 방법으로 소비자의 욕구를 충족시키는 혁신가에게 최대의 보상을 제공함으로써 기술 혁신을 자극한다.

시장은 생산적 투자만 장려하는 것이 아니다. 더 중요한 것은 시장의 가격 체계와 이익-손실 인센티브가 자본 투자와 생산을 올바른 경로로 안내한다는 점이다. 교환의 정교한 격자망은 모든 시장을 연결하고 '조정'하여 어느 생산 단계에서도 갑작스럽고 예기치 못한 부족이나 과잉이 발생하지 않도록 방지한다.

그러나 교환이 항상 자유로운 것은 아니다. 오히려 많은 교환은 강제적이다. 강도가 "돈을 내놓거나 목숨을 내놔라"고 협박한다면 그에게 돈을 건네는 것은 자발적이 아니라 강제적이고 강도는 피해자의 손실로 이익을 얻는다. 중상주의자들이 우려하는 착취적 교환은 자유시장이 아니라 강도질과 같은 강제적 교환에서 발생한다. 착취는 자유시장에 있는 것이 아니라 강제자가 피해자를 이용하는 곳에 있다. 장기적으로 강제는 생산, 저축, 투자를 감소시켜 자본을 고갈시키고, 모든 사람의 생산성과 생활 수준을 떨어뜨린다. 심지어 착취자 자신에게도 해로운 결과를 야기할 수 있다.

모든 사회에서 정부만이 합법적으로 강제를 행사할 수 있다. 세금은 전형적인 강제적 교환이다. 세금 부담이 무거울수록 경제성장은 둔화되고 쇠퇴할 가능성이 커진다. 대부분의 정부 강제는 가격 통제나 신규 경쟁자의 진입 장벽처럼 시장 교환을 방해하고 제한하는 것이지만, 사기의 금지나 계약의 엄격한 집행처럼 종종 자발적 교환을 촉진하는 역할을 맡기도 한다.

정부 강제의 극단은 사회주의다. 중앙계획으로 경제 문제에 대응하는 사회주의 체제는 토지나 자본재에 대한 가격체계를 갖지 못한다. 가격·비용을 계산하거나 자본을 투자해 생산 격자망을 정리·조정할 방법이 없다는 것이다. 이는 하일브로너(Robert Heilbroner) 같은 사회주의자들조차 인정하는 사실이다. 풍작이 나도 소매점에서 밀가루를 살 수 없는 소련의 사례는 자유시장 없이 복잡한 현대 경제를 운영할 수 없음을 잘 보여준다. 화물차가 곡물을 실어 나를 가격·비용을 계산할 방법, 제분소가 이를 받아 가공할 방법 등 모스크바나 예카테린부르크의 소비자에게 최종 전달하기까지 필요한 수많은 단계에 필요한 가격·비용 계산과 인센티브가 존재하지 않는다. 결국 곡물 투자는 거의 완전히 낭비될 뿐이다.

시장 사회주의라는 유행하는 개념은 시장의 핵심 측면 중 하나인 재산권을 간과한다는 점에서 모순이다. 두 재화가 교환될 때 실제로 교환되는 것은 그 재화의 소유권이다. 내가 신문 한 부를 500원에 살 때, 판매자와 나는 재산권을 교환한다. 나는 500원의 소유권을 노점상에게 넘기고 그는 신문의 소유권을 내게 넘긴다. 이는 부동산 매매와 동일한 과정이지만, 단지 신문 거래가 훨씬 더 일상적이기 때문에 계약, 중개인, 변호사 등을 동원하는 복잡한 절차를 생략할 수 있을 뿐이다. 그러나 경제학적으로 두 거래의 본질은 동일하다.

따라서 자유시장이 존재하고 번성하려면 사유재산권이 존중되고 보호되며 보장되는 사회여야 한다. 반면 사회주의의 핵심은 생산수단, 토지, 자본재를 국가가 소유하는 것이므로 토지나 자본재에 대한 시장이 성립할 수 없다.

일부 자유시장 비판자들은 재산권이 '인권'과 충돌한다고 주장한다. 하지만 자유시장 체제에서 모든 사람은 자신의 신체와 노동에 대해 재산권을 가지며, 이를 자유롭게 계약할 수 있다. 노예제가 나쁜 이유는 노예가 자신의 몸과 인격에 대해 갖는 기본적 재산권을 침해하기 때문이다. 인격에 대한 재산권이야말로 인간이 비인격적 물질 대상에 대해 가지는 모든 재산권의 기초다. 더욱이 모든 권리는 곧 인권이다. 표현의 자유가 모두의 권리이듯, 집을 소유할 재산권 역시 인권이다.

자유시장 사회는 '약육강식'의 정글의 법칙을 조장하여 협력을 배제하는 무한 경쟁을 강요하고 정신적 가치, 철학, 여가 활동을 무시하면서 물질적 성공을 숭배한다는 비판도 있다. 하지만 정글과 시장은 완전히 다르다. 정글은 강제, 도둑질, 기생충이 난무하여 삶과 생활 수준을 파괴하는 사회다. 반면에 생산자와 공급자 간의 평화적 경쟁을 장려하는 시장은 모든 사람이 이익을 얻고 (자유롭지 않은 사회와 비교할 때) 생활 수준이 상승하는, 본질적으로 협력적인 과정이다. 자유사회가 성취하는 물질적 성공은 다른 사회와 비교할 때 훨씬 더 많은 여가를 가능하게 하고 정신적 가치를 추구할 수 있는 풍요로움을 제공한다. 반면에 자유시장이 거의 없거나 전무한 강제 사회, 특히 공산주의 사회에서는 일상의 고된 생존 투쟁이 사람들을 물질적으로 빈곤하게 할 뿐만 아니라 정신적으로도 피폐하게 만든다.

3

리버테리언은 아나키스트인가

[Are Libertarians "Anarchists"? | Mises Institute]
(https://mises.org/mises-daily/are-libertarians-anarchists)

가장 열정적인 리버테리언조차 무너뜨리는 국가주의자(statist)들의 단골수법이 있다. 리버테리언이 공교육이나 우정산업을 비판하고 세금을 '합법화된 약탈'이라고 지적할 때 국가주의자는 으레 이렇게 묻는다. **"그렇다면 당신은 아나키스트(무정부주의자)인가요?"** 이때 리버테리언들은 당황하면서 **"저는 절대로 아나키스트가 아닙니다"**라고 대답한다. 이어서 국가주의자가 다시 묻는다. **"그렇다면 어떤 형태의 정부를 지지하는 것이고, 어떤 종류의 세금이 필요하다고 보시나요?"** 국가주의자는 순식간에 주도권을 차지했고 첫 질문에 명쾌한 대답을 내놓지 못한 리버테리언은 궁지에 몰리고 말았다.

이제 대부분의 리버테리언은 이런 대답을 내놓는다. **"저는 제한된 정부를 지지합니다. 정부의 역할은 오직 개인의 신체와 재산을 폭력과 사기로부터 보호하는 데만 제한되어야 합니다."** 그러나 내가 보기에 이는 좋은 답변이 아니다. '국가는 보호를 위해 필요하다'는 논리는 사악한 국가주의적 조치와 대량 살상을 정당화하는 데 악용될 여지가 다분하기 때문이다. 이 논리에 근거하여 국가주의자는 공격을 이어간다. "**만약 사람들이 '보호' 서비스를 제공받기 위해 국가가 개인에게 세금을 강제할 수 있다는 데 동의한다면, 똑같은 방식으로 다른 서비스, 예컨대 우편, '사회복지', 철강, 전력 등을 국가가 제공하도록 허용하는 것도 똑같이 도덕적으로 정당하다고 말하면 안 되나요? 국가가 다수의 동의를 받아서 하나의 업무를 수행할 수 있다면, 다른 것도 할 수 있는 것 아닐까요?**" 내 생각에는 이 질문에 적절하게 대응하는 것은 불가능하다. 애초에 첫 단추부터 잘못 꿰었기 때문에 리버테리언은 국가주의의 함정에 빠지고 말았다. 만약 보호 서비스를 독점하는 국가가 시민 불복종 운동가 헨리 데이비드 소로(Henry David Thoreau)같은 인물에게도 억지로 세금을 부과하는 것이 정당하다면, 그에게 식료품, 사회안전망, 신문, 철강 등 다른 서비스도 제공해 주겠다면서 서비스 비용을 강제로 뜯는 것 역시 정당화될 수밖에 없을 것이다. 결국 리버테리언 원칙을 고수하고자 할 때 가능한 결론은 오직 하나뿐이다. 개인이 스스로 효율적이라고 판단한 경찰·법원 서비스에 대해 자발적으로 비용을 지불하거나, 비용을 지불하지 않고 서비스 제공도 받지 않는 선택지를 제공하는 사회만이 진정한 리버테리언 사회다.

나는 이 글에서 진정한 리버테리언 체제를 상세하게 설명하려는 것이 아니다. 다만 과연 이러한 체제가 아나키스트 체제인지 살펴보려고 한다. 이 질문은 '예 또는 아니오'로 간단하게 대답하기 어렵다. 우선 '아나키즘'이라는 단어 자체의 용례가 통일되어 있지 않다. 대다수 사람은 '아나키즘'이 무엇을 의미하는지 대강 안다고 생각하며 그것을 부정적으로 받아들인다. 그러나 그들이 정말 '아나키즘'을 이해하는지 의문스럽다. 유사한 사례는 '리버럴'이 있는데 오늘날 대중은 '리버럴'을 긍정적인 늬앙스를 가진 단어로 받아들이지만 실제로 이 단어가 무엇을 의미하는지 제대로 아는 사람은 별로 없다. '아나키즘'을 둘러싼 왜곡과 혼란은 반대자와 지지자 모두에게서 찾아볼 수 있다. 반대자는 아나키즘의 가르침을 완전히 왜곡해 온갖 허위 비난을 퍼부었고, 지지자들은 공산주의적 아나키즘부터 개인주의적 아나키즘에 이르기까지 다양한 분파로 분열되어 자신이 진정한 아나키스트임을 증명하기 위해 투쟁하고 있다. 상황을 더욱 혼란스럽게 만드는 점은 분열된 진영들이 종종 그들 사이의 거대한 이념적 간극을 인식조차 못 하는 경우가 있다는 것이다.

아나키즘에 흔히 제기되는 비판 가운데 하나는 그것이 '혼란'을 뜻한다는 주장이다. 특정한 유형의 아나키즘이 실제로 혼란을 초래하는지는 분석의 대상이지만, 어떤 아나키스트도 의도적으로 혼란을 초래하려고 시도한 적은 없다. 오히려 그들은 아나키즘이 오늘날의 세계에 만연한 혼란을 제거하리라 확신해왔다. 제2차 세계대전의 종전 이후 《하나의 세계 또는 아나키(One World or Anarchy)》라는 책이 출간되자 캐나다의 한 아나키스트가 《아나키 또는 혼란(Anarchy or Chaos)》이라는 책으로 응수한 일화는 이 오해를 잘 보여주는 사례이다.

아나키즘의 분석이 어려운 핵심적인 이유는 앞서 언급했다시피 상호 충돌하는 여러 교리들을 지칭하는데 이 용어가 폭넓게 사용되고 있기 때문이다. 어원적으로 '아나르케(anarche)'는 "권위나 명령에 대한 반대"를 의미한다. 이 세상에 권위나 명령을 반대하는 사상이 수없이 많기 때문에 다양한 정치적 교리들이 '아나키'라는 이름으로 묶이는 것이 가능하다. 일반적으로 '아나키즘'의 하위 분파로 분류되는 사상들은 폭력과 권력의 강제적 독점자인 국가라는 존재자에 적대적이라는 공통점을 가진다. 19세기에 등장한 이후 가장 활발하고 지배적인 아나키즘은 '아나코 공산주의(anarchist communism)'이다. 아나코 공산주의의 다른 이름은 '아나코 집산주의(collectivist anarchism)', '아나코 조합주의(anarcho-syndicalism)', '리버테리언 공산주의(libertarian communism)' 등이다. 나는 이것을 '좌파 아나키즘'이라고 부를 것이다. 좌파 아나키즘은 러시아에서 크로포트킨과 바쿠닌이 체계화하였고 유럽 대륙에서 '아나키즘'은 곧 이 사상을 가리킨다.

좌파 아나키즘의 핵심은 사유재산을 국가만큼이나 철저히 공격한다는 점이다. 그들은 국가를 '정치 영역'의 폭군으로, 자본주의를 '경제 영역'의 폭군으로 인식한다. 좌파 아나키스트들은 마르크스주의자들과 마찬가지로 자본가가 노동자를 착취하고 지주가 농민을 억압한다는 확신을 갖고 있지만, 일반적인 사회주의자나 공산주의자보다도 더 격렬하게 자본주의와 사유재산을 증오한다. 그런데 여기서 좌파 아나키스트는 난관에 부딪힌다. 자본주의와 사유재산을 폐지하면서 동시에 국가도 폐지하려면 어떻게 해야 하는가? 이는 일반적인 사회주의자들에게는 발생하지 않는 문제이다. 그들은 철저한 국가주의자이므로 국가를 통해 사유재산을 철폐하려 한다. 여기에는 어떤 모순도 없다. 정통 마르크스주의자는 '국가의 소멸'을 부르짖지만 헤겔 변증법을 동원해 문제를 해결한다. 일단 국가를 극대화하여 자본주의를 제거한다면, 그다음에는 국가를 소멸할 것이다. 이는 신비로운 과정이지만 적어도 모순적이지는 않다.

하지만 국가와 자본주의를 동시에 없애려고 하는 좌파 아나키즘은 이러한 술수를 채택할 수 없다. 지금까지 그들이 제시한 최선의 해결책은 '조합주의'이다. 조합주의 체제에서 노동자·농민 집단은 생산수단을 공동으로 소유하고, 스스로 경제 계획을 세우고, 다른 집단과 협력한다. 그런데 이를 논리적으로 분석한다면 오직 두 가지 가능성만이 존재한다. (1) 중앙기관이 하위 집단을 계획하고 지휘한다. (2) 집단을 지휘하는 상위 중앙기관이 존재하지 않고 각 집단은 진정으로 자율적이다. 여기서 관건은 조합주의 집단이 의사결정을 집행하기 위해 강제력을 행사할 권한을 가지는지 여부이다. 좌파 아나키스트들은 한결같이 불복종자에 대한 폭력의 사용에 찬성한다. 그렇다면 (1)은 일반적인 공산주의와 차이가 없다. (2)는 여러 공산주의 집단이 난립해 충돌하다가 내전 끝에 중앙집권적 공산주의로 귀결될 위험이 크다. 따라서 좌파 아나키즘은 현실적으로 일반적인 공산주의와 구별할 수 없거나 공산주의를 추종하는 조합들이 뒤엉킨 혼란을 야기할 것이다. 어느 경우든, 결과적으로 국가는 국가라고 불리지만 않을 뿐 존속하게 된다. 좌파 아나키즘의 비극적 아이러니는 그들의 희망과 달리 실제로는 진정한 아나키즘이 아니라는 점이다. 그것은 공산주의이거나 혼란일 뿐이다.

여기에 더해 실제로도 폭력적 혁명을 추구하는 좌파 아나키즘이 유럽에서 아나키즘의 주도권을 쥐었다는 점을 고려한다면 '아나키즘'이 나쁜 평판을 얻게 된 것은 결코 놀라운 일이 아니다. 스페인 내전 기간 동안 아나키스트들은 강제력을 행사하는 공동체와 집단을 세웠다. 그들의 첫 조치 중 하나는 화폐의 사용을 사형으로 처벌하는 것이었다. '강제에 반대한다'던 아나키즘의 정신을 처음부터 완전히 뒤틀리고 말았다. 그리고 이는 국가의 폐지와 사유재산의 폐지라는 양립 불가능한 목표를 추구하는 좌파 아나키즘의 필연적 귀결이다.

그렇다면, 좌파 아나키즘의 치명적인 논리적 모순에도 불구하고, 어떻게 이 사상이 오늘날의 여러 지식인들에게 지배적인 영향력을 행사할 수 있는 것일까? 이유는 간단하다. 아나키스트들은 자신들의 입장이 절망적으로 비논리적이라는 점을 어렴풋이 감지하고, 의식적으로든 무의식적으로든 이성과 논리를 전면적으로 부정하는 전략을 채택했다. 그들은 즉흥성, 감정, 본능을 중시하고 논리를 '차갑고 비인간적'이라고 경멸한다. 그 결과 그들은 좌파 아나키즘의 비합리성을 외면하게 되었다. 경제학에 관해서도 사실상 문외한이다. 아마도 이 세상에 존재하는 모든 정치사상 중에서 가장 경제적으로 문맹일 것이다. 따라서 그들은 좌파 아나키스트 체제가 경제학적으로 불가능하다는 점 자체를 인식하지 못한다. 범죄 문제에 대해서도 그들은 국가만 폐지되면 범죄도 사라질 것이라는 터무니없는 낙관적 예측으로 좌파 아나키즘이 강제력을 행사할 수밖에 없다는 딜레마를 외면한다. 비합리성은 좌파 아나키즘의 모든 면에 만연해있다. 그리하여 그들은 산업화된 경제와 사유재산을 거부하고 중세 수준의 수공업과 소작농의 삶으로 복귀하기를 원할 수밖에 없다. 현대 미술을 '아나키스트 예술'이라 극찬하고, 화폐와 물질적 진보를 극도로 혐오하고, 소작농의 삶을 '아나키스트 삶'이라며 미화하고, 현대 문명을 부르주아 문명이라고 비난한다. 좌파 아나키스트 사상이 마르크스주의보다도 훨씬 더 비합리적이고 혼란스럽다는 점에는 이견의 여지가 없다. 거의 모든 사람이 그들을 한심하게 생각하는 것 역시 당연한 결과다. 불행하게도 이 때문에 그들이 종종 날카롭게 제시하는 국가 권력에 대한 훌륭한 비판도 한심하다고 여겨지게 되었다.

주류 아나키스트들이 이런 실정이니, "리버테리언은 아나키스트인가?"라는 질문에 대한 대답은 명확하다. 우리는 아나키스트가 아니다. 우리는 완전히 반대편에 서있다. 하지만 여기에도 문제가 있다. 과거 미국에는 벤자민 터커(Benjamin Tucker)를 비롯한 소수의 탁월한 이들이 지지했던 '개인주의적 아나키즘(individualist anarchism)'이 있었기 때문이다. 이들은 사뭇 다른 부류다. 개인주의적 아나키스트들은 리버테리언 사상의 발전에 큰 기여를 했다. 그들은 개인주의와 반국가주의를 정당화하는 가장 뛰어난 논리를 개발했고, 정치적으로도 대체로 건전한 리버테리언들이었다. 사유재산을 옹호했고, 자유 경쟁을 찬양했으며, 모든 형태의 정부 간섭과 싸웠다. 그렇지만 정치 영역에서 두 가지 결함이 있었다. (1) 소유주가 직접 사용하는 범위를 넘어선 토지의 사유재산권을 옹호하지 않았고, (2) 배심원제에 과도하게 의존해 사법 절차가 준수해야 할 리버테리언 헌법 원칙의 필요성을 간과했다.

그들의 정치적 결점은 그래도 고쳐 쓸 수 있는 수준이지만 경제적 오류는 너무나도 심각했다. 그들은 이자와 이윤을 착취로 규정했다. 여기에 더해 국가의 화폐 독점이 화폐 공급을 인위적으로 제한한다고 비판하면서 법정 화폐를 폐지하고 자유은행제도를 수립한다면 누구나 필요한 만큼 화폐를 찍어낼 수 있어 이자와 이윤이 0으로 수렴하리라 믿었다. 프루동으로부터 영향을 받은 이 초인플레이션 교리는 경제학적으로 완벽한 헛소리다. 물론 당시는 물론이고 오늘날에도 인플레이션을 찬미하는 오류 경제학계에 만연하고, 특히 당대에는 화폐 현상의 본질을 이해하는 경제학자가 매우 적었다는 점을 고려할 필요가 있다. 개인주의적 아나키스트들은 인플레이션주의의 오류를 더욱 급진적으로 밀어붙였을 뿐이다.

아이러니한 점은 개인주의적 아나키스트들이 꿈꾼 자유은행제도는 화폐를 팽창시키기는커녕 인플레이션이 원천적으로 불가능한 경화(hard money) 체제로 나아갈 가능성이 높다는 것이다. 개인주의적 아나키스트들도 '자본가'가 국가의 화폐 공급 독점을 통해 노동자를 착취한다고 비난했다는 점에서 좌파 아나키스트들과 표면적으로는 유사해 보이지만, 여하튼 터커주의자들의 경제학적 오류는 좌파 아나키스트들의 오류와는 완전히 다르다. 후자의 오류가 정치적 공산주의를 지향하는 결론으로 귀결된 반면, 전자는 오류에도 불구하고 완전한 리버테리언 질서를 옹호하게 되었다.

나는 이들을 '우파' 아나키스트라고 부를 것이다. 우파 아나키스트들은 아나키스트 사회가 도래하더라도 범죄가 완전히 사라질 것이라고 주장하지는 않았다. 그러나 범죄를 과소평가했고 그 결과 리버테리언 헌법을 확립할 필요성을 끝내 인식하지 못했다. 하지만 그러한 헌법이 없다면 민영화된 사법 절차가 대중들의 오해에 부합하는 '아나키' 혼돈 상태에 빠질 위험이 너무나도 크다.

우파 아나키스트들은 리버테리언의 황금기인 19세기에는 번영했지만 제1차 세계대전 즈음 사라졌다. 19세기에 그들에 유사한 주장을 펼친 사상가들이 많았지만 그들은 스스로를 '아나키스트'라고 부르지 않았다. 모든 아나키스트들이 일정 부분 사회주의적 경제 교리를 공유했기 때문일 것이다.

마지막으로 좌파 아나키즘, 우파 아나키즘에 이어서 셋째 유형의 아나키즘도 언급할 필요가 있다. 이는 톨스토이의 절대적 평화주의다. 이는 국가든 민간이든 어떠한 형태의 폭력도 사용해서는 안 된다는 교리이다. 여기에는 심지어 신체와 재산을 보호하기 위한 폭력조차 포함된다. 오늘날에도 간디를 통해 영향을 미치고 있는 이 절대적 평화주의는 국가와 다른 보호기관이 모두 폐지되지 않는 한 실현될 수 없다는 점을 간과한다. 이 사상은 인간의 본성에 대한 지나치게 이상적인 관점에 기반을 둔다. 모든 인간이 군자나 성인(聖人)의 반열에 올라야만 실천적인 의미가 있을 것이다.

이제 우리는 '리버테리언은 아나키스트인가?'라는 질문에 '아나키즘이란 무엇인가?'라는 어원적 분석으로 대답하는 것이 불가능하다는 결론에 도달하게 된다. '아나키즘'이라는 단어 자체의 모호성으로 인해, 어떤 이에게는 리버테리어니즘이 아나키즘으로, 다른 이에게는 국가주의로 보일 수 있다. 역사적으로 보아도 리버테리어니즘와 일치하는 어떠한 아나키즘도 존재하지 않았다는 점이 명확하나. 가장 온건한 아나키스트들조차 비현실적이거나 사회주의적 요소를 지녔다. 더욱이 오늘날 활동하는 아나키스트는 모두 비합리적 집산주의자들이며, 리버테리어니즘와 정반대에 서있다. 따라서 우리는 아나키스트가 아니다. 우리를 아나키스트라고 부르는 사람들은 어원적 근거도, 역사적 근거도 제시할 수 없다. 그렇다고 우리는 국가주의자(archist)도 아니다. 다른 사람의 신체와 재산에 해를 끼치지 않는 개인까지 강제하는 중앙집권적 권위를 세우려 하지 않기 때문이다. 어쩌면 우리는 새로운 호칭, '무국가주의자(nonarchist)'가 필요할지도 모르겠다. 논쟁 중 "당신은 아나키스트인가요?"라는 지극히 예상 가능한 질문이 나오면, 우리는 처음이자 마지막으로 '중도'의 전략을 채택하며 이렇게 답할 수 있을지도 모르겠다. "저는 아나키스트도, 국가주의자도 아닙니다. 저는 무국가주의라는 중도의 길 위에 서있습니다."

4

전쟁, 평화, 국가

[War, Peace, and the State | Mises Institute]
[https://mises.org/articles-interest/war-peace-and-state]

버클리 주니어(William F. Buckley, Jr.)는 리버테리언 운동이 우리 시대의 주요 문제를 해결하는 데 "전략적인 지성(strategic intelligence)"을 활용하지 못한다는 비판을 가했다. 버클리는 우리가 "쓰레기 수거 업무를 시청에서 민영화할 것인지 말 것인지에 대해 논의하는 시끌벅적한 작은 세미나"를 여는 데 치우쳐 있다고 경멸했고 아마 이는 사실일 것이다. 우리는 리버테리언 이론을 우리 시대의 가장 중대한 문제인 전쟁과 평화에 적용하는 데 실패해왔다. 어떤 의미에서 리버테리언들은 전략적이라기보다는 유토피아적인 사고방식을 취해왔고 우리가 상상하는 이상적인 체제를 현실 세계와 분리하는 경향을 가져왔다. 우리 중 너무 많은 사람이 이론을 현실과 분리시킨 채, 순수한 리버테리인 사회를 먼 미래의 추상적인 이상으로만 간직하고 오늘날의 실제적인(concrete) 세계에서는 정통 "보수주의" 노선을 무비판적으로 따르는 데 만족을 해버린 것이다. 자유를 지키고, 우리의 이상을 향해 오늘날의 불만족스러운 세계를 변화시키기 위한 어렵지만 필수적인 전략적 투쟁을 시작하려면, 우리는 리버테리언 이론이 세계의 중대한 문제들에 날카롭게 적용될 수 있다는 사실을 인식하고 이를 세상에 입증해 보여야 한다. 우리는 이런 문제들에 대처함으로써 리버테리어니즘이 단지 구름 위 어딘가에 존재하는 아름다운 이상이 아니라 우리가 당면한 일련의 문제들을 해결하고 대처할 수 있게 해주는 강인한 진리의 체계임을 증명할 수 있다.

그러니 우리도 모든 수단을 동원하여 우리의 전략적인 지성을 사용하자. 물론 그 결과를 보게 된다면 버클리 씨는 우리가 차라리 쓰레기 수거 분야에 머물렀으면 좋았을 것이라고 생각할지도 모른다. 이제 리버테리언 전쟁과 평화 이론을 구축해보자.

리버테리언 이론의 근본 공리는 누구도 다른 사람의 인신(人身)이나 재산에 대해 위협이나 폭력("침해") 행사를 해서는 안 된다는 것이다. 폭력은 오직 폭력을 먼저 저지른 사람에게만, 즉 다른 사람의 침략적인 폭력에 대해서만 방어적으로 사용할 수 있다.[12]

요컨대 비공격자(non-aggressor)에게는 폭력을 사용할 수 없다. 이것이 리

---

12 일부 리버테리언들은 더 나아가 자신을 향한 폭력에 대해서도 방어적 폭력을 휘두르면 안 된다고 주장할 것이다. 그러나 이러한 톨스토이주의자나 "절대 평화주의자"들도 방어자의 방어적 폭력을 사용할 권리가 있음을 인정하며 단지 그 권리를 행사하지 말 것을 권고할 뿐이다. 따라서 그들은 우리의 명제에 반대하는 것이 아니다. 마찬가지로 금주를 주장하는 리버테리언도 술을 마실 권리를 부정하지 않으며 단지 그 권리를 행사하는 것이 현명한 선택인지 문제 삼을 뿐이다.

버테리언 이론의 전체 **체계**를 도출할 수 있는 기본적인 원칙이다.[13]

잠시 국가라는 더 복잡한 문제는 제쳐두고, "개인"들 간의 관계를 단순하게 살펴보자. 존스는 스미스로부터 자신이나 자신의 재산이 침해, 즉 공격을 당하고 있음을 알게 된다. 앞서 본 바와 같이 존스가 이러한 침해에 맞서서 방어적으로 폭력을 행사하는 것은 정당하다. 하지만 이제 더 복잡한 문제로 나아가보자. 존스가 스미스에 대한 정당방위의 일환으로 무고한 제3자에게 폭력을 행사하는 것이 그의 권리 내에 있다고 할 수 있겠는가? 리버테리언 입장에서 이 질문에 대한 답은 명확히 "아니오"다. 무고한 사람의 신체나 재산에 대한 폭력을 금지하는 규칙은 절대적인 것이다. 이는 공격자의 주관적인 동기가 무엇이든 간에 변하지 않는다. 설령 그 사람이 로빈 후드이거나, 굶주리고 있거나, 가족을 구하기 위해서, 또는 제3자의 공격으로부터 자신을 방어하기 위한 것이라도, 타인의 재산이나 신체를 침해하는 것은 잘못된 것이며 범죄다. 물론 우리는 이러한 여러 사례와 극단적인 상황에서 그 동기를 이해하고 동정할 수 있다. 범죄자가 재판을 받고 처벌을 받게 될 경우, 우리는 그 죄책을 어느 정도 감경해줄 수는 있을 것이다. 그러나 그 공격이 여전히 범죄 행위이며 피해자는 필요하다면 폭력을 통해서라도 이를 저지할 정당한 권리를 갖고

---

13 우리는 여기에서 이 공리를 정당화하려는 시도를 하지 않을 것이다. 대부분의 리버테리언 그리고 보수주의자들조차도 이 원칙을 알고 있고 옹호를 하기도 한다. 문제는 이 원칙에 도달하는 것 그 자체에 있는 것이 아니라 이 원칙의 수많은 놀라운 함의를 두려움 없이 일관되게 추구하는 데 있다.

있다는 판단을 회피할 수 없다. 요컨대 C가 A를 위협하거나 공격하고 있다는 이유로 A가 B를 공격하는 경우 우리는 이 모든 과정에서 C의 책임이 더 크다는 점을 이해할 수 있을 것이다. 하지만 그럼에도 우리는 A의 이러한 공격을 범죄 행위로 규정하고 B가 폭력을 사용해 방어할 권리가 있음을 인정해야 한다.

더 구체적으로 말하자면 존스는 스미스가 자신의 재산을 훔치고 있다는 것을 알게 되면 그는 스미스를 막고 붙잡을 권리가 있지만, 건물을 폭파해서 무고한 사람을 죽이거나 무고한 군중들에게 기관총으로 총격을 가하면서까지 그를 붙잡을 권리는 없다. 만약 존스가 이런 행위를 한다면 그는 스미스만큼이나(어쩌면 그보다 더한) 범죄적 공격자가 되는 것이다.

전쟁과 평화의 문제에 이 원칙의 적용은 이미 분명해지고 있다. 좁은 의미에서 전쟁은 국가 간의 충돌이지만, 더 넓은 의미에서 본다면 전쟁은 개인이나 집단 간에 벌어지는 공개적인 폭력 사태로 정의할 수 있다. 예를 들어, 스미스와 그의 부하들이 존스를 공격하고, 존스와 그의 경호원들이 스미스 일당을 은신처까지 추격한다고 해보자. 우리는 이런 존스의 행동에 응원을 보낼 수 있으며 사회에서 침략을 막는 데 관심이 있는 우리는 존스의 대의에 재정적으로나 인적으로 보탬이 되어줄 수 있을 것이다. 그러나 존스는 스미스와 마찬가지로 "정당한 전쟁(just war)"이라는 명분 하에 다른 사람에게 공격을 가할 권리는 없다. 예를 들어 추격을 위한 자금을 마련하려고 다른 사람의 재산을 훔치거나, 폭력을 통해 다른 사람을 강제로 자신의 부대로 징집하거나, 스미스를 잡는 과정에서 다른 사람을 죽이는 등의 행위는 정당화될 수 없다. 만약 존스가 이러한 행동 중 어떤 것이라도 한다면 그는 스미스만큼이나 완전한 범죄자가 되며, 범죄에 대해 처벌을 받게 되는 대상이 된다. 사실 스미스의 범죄가 단순한 절도였고, 존스가 그를 잡기 위해 강제 징집을 하거나 사람을 죽였다고 한다면, 존스는 오히려 스미스보다 더 큰 범죄자가 되는 것이다. 왜냐하면 다른 사람에 대한 범죄 중에서 노예화와 살인은 단순한 절도보다 훨씬 더 중대한 악이기 때문이다(절도는 타인의 인격 확장을 침해하지만 노예화는 인격 그 자체를 훼손하고, 살인은 그 인격을 완전히 말살하기 때문이다).

존스가 스미스의 만행에 맞서 "정당한 전쟁"을 수행하는 과정에서 일부 무고한 사람들을 죽였다고 해보자. 그리고 존스가 이러한 살인을 정당화하며 "자유가 아니면 죽음을 달라"는 구호를 따랐을 뿐이라고 주장한다고 하자. 이러한 변호의 부조리함은 즉시 드러나야 마땅하다. 문제는 존스가 스미스에 맞서 싸우며 자신의 목숨을 걸 준비가 되어있었느냐가 아니라 정당한 목적을 달성하기 위해 다른 사람을 기꺼이 죽일 의향이 있었는지의 여부다. 실제로 존스는 "자유가 아니라 죽음을 달라."는 고귀한 구호를 따른 것이 아니라 전혀 정당화될 수 없는 또 다른 구호를 따른 셈이다. 그것은 바로 "자유를 달라, 아니면 저들에게 죽음을 달라(Give me liberty or give them death)."이다. 이는 분명 훨씬 덜 고결한 전투 함성

이다.[14]

따라서 리버테리언의 전쟁에 대한 기본적인 태도는 다음과 같아야 한다. 개인의 인격과 재산에 대한 권리를 방어하기 위해 범죄자들에게 폭력을 사용하는 것은 정당화될 수 있지만, 다른 무고한 사람들의 권리를 침해하는 것은 완전히 허용되지 않는다. 그러므로 전쟁이 정당하려면 그 안에서 행사되는 폭력이 철저히 개별 범죄자들에게만 국한되어야 한다. 역사 속에서 수많은 전쟁이나 충돌 중에서 이 기준을 충족한 사례가 얼마나 되는지는 우리가 스스로 판단해볼 수 있을 것이다.

간혹, 특히 보수주의자들로부터 오늘날의 끔찍한 대량살상무기(핵무기, 로켓, 세균전 등)의 발전은 단지 이전 시대의 단순한 무기들과 **정도**(degree)의 차이일 뿐 **종류**(kind)의 차이는 아니라는 주장이 제기되어왔다. 물론, 이에 대한 하나의 반론은 그 정도라는 것이 인명 살상의 수를 뜻할 때 그 차이는 매우 크다는 점이다.[15] 그러나 리버테리언이 특히 강조할 수 있는

---

14 또 다른 유명한 반(反) 평화주의 구호를 예로 들어보자면, 문제는 "우리 누이가 강간당하는 것을 막기 위해 무력을 사용할 의지가 있는가"가 아니다. 진짜 문제는 그 강간을 막기 위해 무고한 사람들, 어쩌면 그 누이 자신마저 죽일 각오가 되어있는가이다.

15 버클리와 다른 보수주의자들은 수백만 명을 죽이는 것이 단 한 사람을 죽이는 것보다 나쁘지 않다는 이상한 도덕적인 주장을 펼쳐왔다. 물론 어느 쪽이든 사람을 죽인 자는 살인자라는 점에서는 같다. 그러나 그가 몇 명을 죽였는지는 분명히 중대한 차이를 만든다. 이 문제를 이렇게 바꿔서 생각해보면 그 차이는 명확해진다. 어떤 사람이 이미 한 사람을 죽였다고 할 때, 그가 지금 살인을 멈추는 것과 계속해서 광란의 살인을 이어가 수십 명을 더 죽이는 것 사이에는 차이가 없는가? 분명히 큰 차이가 있다.

또 하나의 반론은 다음과 같다. 활과 화살, 심지어 소총조차도 범죄자에게 정확히 조준해서 사용할 의지가 있다면 쓸 수 있지만 현대의 핵무기는 그렇지 않다는 점이다. 여기에는 종류에 중대한 차이가 존재한다. 물론 활과 화살도 공격 목적으로 사용될 수 있지만 오직 침략자에게만 정조준하여 사용할 수 있었다. 하지만 핵무기나 심지어 "재래식" 공중 폭탄조차도 그렇게 정조준하여 사용될 수 없다. 이러한 무기들은 그 자체로 무차별적인 대량 파괴의 도구이며 그 사실 자체(ipso facto)로 인해 정당한 사용이 불가능하다. (단 한 가지 예외가 있다면 오로지 모두가 범죄자인 사람들이 광활한 지역에 거주하고 있는 극히 드문 경우뿐일 것이다.) 그러므로 우리는 핵무기나 그와 유사한 무기를 사용 또는 사용하겠다는 위협은 인류에 대한 죄이자 범죄이며 결코 정당화할 수 없는 행위라는 결론을 내릴 수밖에 없다.

이것이 바로 전쟁과 평화의 문제를 판단할 때 "중요한 것은 무기가 아니라 그것을 사용할 의지다"라는 오래된 상투적인 말이 더 이상 성립하지 않는 이유다. 왜냐하면 현대 무기의 특징은 바로 그것들을 선별적으로 사용할 수 없으며, 리버테리언적인 방식으로는 사용 자체가 불가능하다는 데 있기 때문이다. 따라서 이러한 무기들은 규탄되어야 하며 핵무기 폐기 그 자체는 추구할 가치가 있는 선(善)이 된다. 그리고 우리가 정말로 전략적 지성을 발휘한다면, 이러한 핵무기 폐기가 현대 세계에서 우리가 추구할 수 있는 최고의 정치적 선이라는 것을 알게 될 것이다. 왜냐하면 남의 물건을 훔치는 것보다 살인이 더 악랄한 범죄이듯, 인류 문명과 인간 생존 자체를 위협할 만큼 광범위한 대량 살상은 인간이 저지를 수 있는 최악의 범죄이기 때문이다. 그리고 그 범죄는 지금 임박해 있다. 그리고 실제로 대량 절멸을 막는 것은 쓰레기 수거의 민영화가 아무리 가치 있는 일이라 할지라도 이보다 훨씬 중요한 문제다. 아니면 리버테리언들은 물가 통제나 소득세에는 분노하면서도 인류 전체를 위협하는 궁극적인 범죄인 대량학살에는 대수롭지 않게 여기거나 심지어 옹호하기라도 하겠는가?

만약 핵전쟁이, 범죄자의 공격에 맞선 개인의 정당방위조차도 허용될 수 없는 완전히 부정당해야 할 수단이라면, 국가 간의 핵전쟁이나 심지어 "재래식" 전쟁은 말할 것도 없이 훨씬 더 정당화될 수 없다!

이제 우리의 논의에 국가를 끌어들일 때가 되었다. 국가는 특정한 영토 내에서 폭력의 사용에 대한 사실상의 독점권을 획득한 사람들의 집단이다. 특히, 국가는 공격적 폭력의 독점권을 획득해왔는데 그 이유는 국가가 일반적으로 개인의 자기방어를 위한 폭력을 사용할 권리는 인정하지만 그 대상이 국가인 경우에는 예외이기 때문이다.[16] 국가는 이러한

---

16 커닝햄(Robert L. Cunningham) 교수는 국가를 "공공연한 물리적 강제력을 선제적으로 행사할 수 있는 독점권을 가진" 기관이라고 정의한 바 있다. 이와 비슷하지만 더 신랄하게 표현한 사람은 제이녹(Albert Jay Nock)으로 그는 이렇게 말했다. "국가는 범죄에 대한 독점권을 주장하고 그것을 행사한다. (…) 국가는 개인의 살인을 금지하지만, 자신은 거대한 규모로 조직적인 살인을 저지른다. 국가는 개인의 절도를 처벌하지만, 자신은 원하는 무엇이든 파렴치하게 손을 뻗는다."

독점권을 통해 그 지역의 주민들에 대해 권력을 행사하고, 그 권력에서 나오는 물질적인 이익을 누린다. 즉 국가는 공격적인 폭력을 통해 정기적이고 공개적으로 화폐 수입을 얻는 사회 내 유일한 조직이다. 이에 반해, (국가로부터 그 권한을 위임받은 경우를 제외하고) 다른 모든 개인이나 조직은 오직 평화로운 생산과 자발적인 교환을 통해서만 부를 얻을 수 있다. 이러한 폭력 사용을 통한 ("세금"이라 불리는) 수입의 획득은 국가 권력의 핵심이다. 국가는 이 기반 위에 자기 영토 내 개인들에 대한 규제나 비판자에 대한 처벌, 선호 집단에게 보조금 지급 등의 추가적인 권력 구조를 세운다. 국가는 또한 사회가 필요로 하는 핵심 서비스들에 대한 강제적인 독점권을 자신에게 귀속시킴으로써 국민들이 주요 서비스에 있어서 국가에 의존하게 하고, 사회 내 주요 통제 지점을 장악하며, 국가만이 이 서비스들을 공급할 수 있다는 신화를 퍼뜨리는 데 심혈을 기울인다. 이와 같은 방식으로 국가는 경찰과 사법 서비스, 도로와 거리의 소유, 화폐 공급, 우편 서비스를 독점하고 교육, 공공시설, 교통, 라디오와 텔레비전 방송 또한 효과적으로 독점하거나 통제한다.

국가가 특정 지역 내에서 폭력의 독점권을 자신에게 불법적으로 귀속시킨다면, 국가의 착취와 강탈에 대한 저항이 없는 한 그 지역에는 이른바 "평화"가 존재한다고 여겨진다. 이는 국가가 국민에게 일방적으로 폭력을 가하기 때문에 가능한 착각이다. 국민들이 국가의 권력 사용에 저항하는 "혁명"만이 해당 지역 내에서 발생할 수 있는 공개적인 충돌이다.

저항받지 않는 국가의 일방적 통치와 공개적 혁명은 "수직적 폭력(vertical violence)"이라고 부를 수 있다. 국가가 국민에게 가하는 폭력이나 그 반대의 경우도 말이다.

현대 세계의 각 지역은 모두 하나의 국가 조직에 의해 지배되고 있지만, 지구 전체에는 수많은 국가들이 흩어져 있으며, 각각이 자기 영토 내에서 폭력의 독점권을 가지고 있다. 전 세계를 아우르는 폭력의 독점권을 가진 "초국가적(super-state)" 국가는 존재하지 않기 때문에 여러 국가들 사이에는 일종의 무정부 상태가 존재하게 된다. (필자는 항상 의아하게 생각해온 것이 있는데 어떤 지역 내에서 폭력 독점권을 없애고 개인들이 지배자 없이 살아가도록 하자는 제안에 대해 보수주의자들은 정신 나간 제안이라며 극도로 비난하면서도 정작 국가들 사이에 분쟁을 조정해줄 상위 지배자가 없는 상태를 고집한다는 점이다. 전자는 항상 "정신 나간 무정부주의(crackpot anarchism)"로 비난을 받지만 후자는 항상 "세계 정부"로부터 독립과 "국가 주권"을 수호하는 일이라며 칭송한다.) 이렇듯 간헐적으로 일어나는 혁명을 제외하면, 오늘날 세계에서의 공개적인 폭력과 양방향의 충돌은 두 개 이상의 국가 사이에서만 발생하며 이것이 일반적으로 말하는 "국제 전쟁"(혹은 "수평적 폭력")이다.

국가 간의 전쟁과 국가에 저항하는 혁명 또는 개인 간의 갈등 사이에는 결정적이고 중대한 차이점들이 있다. 가장 핵심적인 차이는 지리적 위치에 있다. 혁명은 동일한 지리적 **공간 내**에서 일어난다. 즉, 국가의 하수인들과 혁명가들이 같은 영토 안에서 거주한다. 반면 국가 간의 전쟁은 각자 고유한 영토 내에서 폭력 독점권을 가진 두 집단 사이에서 발생한다. 즉 서로 다른 지역에 사는 사람들 간의 충돌이다. 이 지리적 차이로부터 몇 가지 중요한 결과가 도출된다. (1) 국가 간의 전쟁은 현대식 파괴 무기의 사용 범위가 훨씬 더 크다. 같은 영토 내에서 일어나는 내선이나 혁명에서는 무기가 과도하게 사용된다면 서로를 향해 겨눈 무기가 결국 자기 자신까지 파괴할 수 있다. 예를 들어, 혁명 세력이나 그에 맞서는 국가 모두 핵무기를 사용할 수 없는 이유는 바로 그 피해가 자기 자신에게도 미치기 때문이다. 하지만 전쟁 당사자들이 서로 다른 지역에 거주할 경우, 현대식 무기의 사용 범위는 엄청나게 커지며, 대량파괴무기의 전면적 동원이 가능해진다. (2) 혁명에서는 공격 대상을 정확하게 특정할 수 있고 그 대상을 국가 권력층에 국한시킴으로써 무고한 사람들을 공격하지 않는 것이 가능하다. 국가 간의 전쟁에서는 이러한 정확한 특정(pinpointing)이 훨씬 어렵다.[17] 이는 구식 무기조차도 마찬가지이며, 말할 것도 없이 현대 무기에서는 아예 조준 자체가 불가능하다. (3) 각 국가는 자국 영토 내에서 모든 자원과 인력을 동원할 수 있기 때문에 적국은 상대국의 모든 국민을 적어도 일시적으로 적으로 간주하고 전쟁을 민간에도 확대한다. 따라서 국가(영토) 간의 전쟁의 속성은 양측이 상대국의 무고한 민간인들과 개인들에게 침략 행위를 가하게 되는 상황을 거의 불

---

[17] 혁명 세력이 공격 대상을 정확히 특정한 대표적인 사례로는, 아일랜드 공화군(IRA)이 후기에 보여준 일관된 행동 방식을 들 수 있다. 이들은 영국군과 영국 정부의 재산만을 공격 대상으로 삼았고, 무고한 아일랜드 민간인이 다치지 않도록 철저히 조치했다. 물론, 대중의 지지를 받지 못했던 게릴라 혁명은 민간인들에게 공격을 가했을 가능성이 높았을 것이다.

가피하게 만든다. 그리고 현대의 대량살상무기가 사용되는 순간, 이러한 불가피성은 더 이상 피할 수 없는 절대적인 현실이 된다.

영토 간 충돌 외에도 국가 간 전쟁의 또 다른 독특한 특성은 각 국가가 자국민에게서 걷는 조세에 의해 유지된다는 사실에서 비롯된다. 따라서 다른 국가를 상대로 한 모든 전쟁은, 그 자체로 자국민에 대한 조세 침탈의 증대와 확장을 수반하게 된다.[18] 사적 개인들 간 충돌은 보통 분쟁 당사자들에게만 벌어지고 자발적으로 재원 조달이 가능하다. 혁명 역시 대중의 자발적인 기부로 재원 조달이 이루어지고 싸워나가는 경우가 종종 있다. 그러나 국가가 벌이는 전쟁은 오직 납세자의 침탈을 통해서만 수행될 수 있다.

따라서 모든 국가 간의 전쟁은 자국의 납세자들에 대한 침탈의 증가가 포함되며, 모든 국가 전쟁이(현대전에서 모든 전쟁이) 적대국에게 지배받고 있는 무고한 민간인에 대한 최대 수준의 침탈, 즉 살인을 수반하게 된다. 반면에 혁명은 일반적으로 자발적인 방식으로 재원이 조달되며, 폭력을 국가 지배층에 정확히 겨냥할 수 있고, 사적 충돌은 실제 범죄자에게만 폭력을 한정 지을 수 있는 것이 가능하다. 그러므로 리버테리언은 다음과 같

---

18 만약 누군가 전쟁 비용을 국가의 비(非)전쟁 지출을 줄임으로써 이론적으로 조달이 가능하다는 반론을 제기한다면, 전쟁이 없었다면 조세 부담은 더 낮을 수 있었을 것이므로, 전쟁으로 인해 세금은 여전히 증가한 상태라는 대답이 유효할 것이다.

은 결론에 도달할 수밖에 없다: 일부 혁명과 일부 사적 충돌은 **아마도** 정당할 수 있지만, 국가 간의 전쟁은 **언제나** 부당하다.

많은 리버테리언들이 이와 같이 반문을 제기할 것이다. "우리 역시도 전쟁에 세금을 쓰는 것과 국가가 국방 서비스를 독점하는 것을 지탄하지만 이러한 조건들이 현실에서 존재하는 이상 우리는 정당한 방어 전쟁에서는 국가를 지지해야 한다." 물론 안타깝게도 각자 자신의 영토 내에서 폭력의 독점권을 행사하는 국가들이 존재한다는 사실로부터 도망칠 수는 없다. 그렇다면 리버테리언들은 이러한 국가 간의 충돌에 대해 어떤 입장을 취해야 하는가? 우리는 국가에 대해 이렇게 말해야 한다. "알겠다. 국가의 존재를 인정하겠다. 그러나 적어도 국가가 독점하고 있는 영역 안에서만 국한하여 활동하라." 요컨대, 리버테리언의 관심은 모든 사적 개인들에 대한 국가의 폭력과 침탈을 가능한 한 줄이는 데 있으며, 국제 관계에 있어 이를 실현하는 유일한 방법은, 각국 국민들이 자기 국가에 압력을 가해, 활동을 자국 영토 내로 제한하고 타국의 독점 영역을 침해하지 않도록 만드는 것이다. 다시 말해, 리버테리언의 목표는 존재하는 모든 국가가 행사하는 인신 및 재산 침해를 가능한 한 최소한으로 제한하는 것이다. 그리고 이는 곧 전쟁의 전면적 회피를 의미한다. 각국 국민은 "자기" 국가가 다른 국가를 공격하지 않도록 압력을 가해야 하며, 만약 충돌이 발생했다면 가능한 한 신속하게 평화를 협상하거나 휴전을 선언하도록 해야 한다.

더 나아가, 드문 일이지만 국가가 실제로 자신의 시민을 보호하려고 하는 아주 명확한 사례가 있다고 가정해보자. A국의 한 시민이 B국으로 여행가거나 투자를 했는데 B국 정부가 그의 인신을 침해하거나 재산을 몰수했다. 리버테리언 비판자들은 분명히 A국이 '자국민'의 재산을 방어하기 위해 B국을 상대로 협박을 하거나 실제로 전쟁을 개시해야 할 명백한 사례라고 주장할 것이다. 이 논리에 이어서 국가가 시민 방어를 위한 폭력의 독점권을 자신이 갖도록 자처했으니, 시민을 대신하여 전쟁을 수행할 의무가 있으며, 리버테리언들도 그런 전쟁은 정당하다고 보고 지지해야 한다고 주장할 것이다.

그러나 요점은 각 국가가 자신의 영토 영역에 한해서만 폭력과 방어의 독점을 가지고 있다는 것이다. 국가는 다른 지리적 영역에서 이러한 독점권이 없으며, 실제로도 어떠한 권력도 없다. 따라서 A국의 주민이 B국으로 이주하거나 그곳에 투자했다면, 리버테리언은 그 사람은 B국이라는 국가의 [폭력] 독점 체제에 놓이게 되는 위험을 스스로 감수한 것이며, 그 사람의 재산을 방어한다는 명목으로 A국이 자국민에게 세금을 부과하고, B국의 수많은 무고한 사람들을 살해하는 것은 비도덕적이며 범죄적인 행위라고 주장해야만 한다.[19]

---

19 "국내(domestic)" 방어에 적용되는 또 다른 고려 사항이 있다. 국가가 범죄자들의 공격으로부터 해당 지역의 주민들을 성공적으로 방어해낼 수 없을수록, 더욱 주민들은 국가 운영이 비효율적으로 이루어진다는 것을 깨닫게 될 것이고 이에 따라 국가가 아닌 방어 수단에 의존하게 될 것이다. 따라서 국가가 방어에 실패하는 것은, 대중에게 교육적인 효과를 갖는다고 할 수 있다.

또한 핵무기에 대한 방어가 없다는 점(현재의 "방어"는 상호 파괴의 위협일 뿐)을 지적해야 하며, 따라서 이러한 무기가 존재하는 한 국가는 어떤 형태의 방어 기능도 수행할 수 없다.

따라서, 리버테리언의 목표는 어떤 분쟁의 구체적 원인이 무엇이든 상관없이, 국가가 다른 국가에 대해 전쟁을 시작하지 않도록 압력을 가하고, 전쟁이 일어났을 경우에는 가능한 한 빠르게 평화 협상과 휴전 협정을 추진하도록 압력을 가하는 것이다. 여담이지만, 이러한 목표는 사실 18세기와 19세기의 국제법에 명시되었던 이상이기도 하다. 어떤 국가도 다른 국가의 영토를 침략해서는 안 된다는 이상, 요컨대 국가들 간의 "평화로운 공존(peaceful coexistence)"이다.[20]

그러나 가령 리버테리언의 반대에도 불구하고 전쟁이 일어났고 교전국들이 평화 협상조차 하지 않고 있는 상황이라면 이때 리버테리언들이 취해야만 하는 입장은 무엇일까? 당연히, 무고한 민간인들을 향한 공격 범위를 가능한 한 줄이는 것이다. 구시대의 국제법에는 이를 위한 훌륭한 두 가지 장치가 있었다. 바로 "전시법"과 "중립법" 혹은 "중립국의 권리"다. 중립법은 전쟁이 발발했을 때, 그 전쟁을 오직 교전국 사이로 국한시

---

[20] 여기에서 언급된 국제법은 과거 여러 세기에 걸쳐 자율적으로 정립된 리버테리언 법질서이며 현대의 국가주의 산물인 "집단 안보"의 개념과는 아무런 관계가 없다. 집단 안보는 모든 국지전을 세계 전쟁으로 최대한 확산하도록 만드는 데, 이는 전쟁의 범위를 가능한 한 최소한으로 줄이려는 리버테리언 목표와는 정확히 정반대 방향이다.

키고 다른 국가나 특히 그 국가의 국민들을 공격하지 않도록 고안된 장치였다. 따라서 공해의 자유나 교전국이 적국과의 중립국 무역을 봉쇄할 수 있는 권리를 엄격히 제한하는 것과 같은 아주 오래되었고 지금은 잊혀진 미국의 원칙들이 매우 중요했던 것이다. 요컨대, 리버테리언은 중립국이 국가 간의 전쟁에서 중립을 **유지하도록** 유도하고 교전국들에게는 중립국 시민의 권리를 철저히 존중하도록 유도한다. "전시법"은 전쟁 당사국이 상대국 민간인들의 권리를 침해하는 것을 최대한 막기 위해 고안되었다. 영국의 법학자 F.J.P. 베일이 언급했듯이,

> "전시법의 기본 원칙은 문명화된 사람들 사이의 전쟁 행위는 실제로 전투에 참여하는 군대에만 국한되어야 한다는 것이었다. (…) 이 원칙은 전투원의 유일한 임무가 서로 싸우는 것이라고 규정함으로써 전투원과 비전투원을 구분하였고, 따라서 비전투원은 군사 작전 범위에서 배제되어야 한다고 규정하였다."[21]

이 규정은 최근 몇 세기 동안 준수되어왔고 현대에는 전선 지역에 속하지 않은 모든 도시에 폭격을 금지하는 수정된 형태로 이어졌다. 제2차 세계대전 중 영국이 민간인을 대상으로 전략적 폭격을 가하기 전까지 말이다. 이제는 이 개념 자체가 거의 잊혔다. 핵전쟁은 본질적으로 민간인의 말살에 기초한다.

---

21 F.J.P. 베일, 《야만으로의 전진(Advance to Barbarism)》(위스콘신주 애플턴: C.C. 넬슨, 1953년), 58쪽.

모든 전쟁을 원인에 관계없이 규탄하는 리버테리언은 특정 전쟁에서 국가들 사이에 죄의 정도가 있을 수 있음을 알고 있다. 그러나 리버테리언에게는 국가의 전쟁 참여 자체를 규탄하는 것이 가장 중요한 사항이다. 따라서 리버테리언 정책은 모든 국가가 전쟁을 시작하지 않도록 압력을 가하고, 이미 시작된 전쟁은 멈추도록 하며, 지속되고 있는 전쟁의 규모를 축소하여 양측 또는 어느 쪽이든 민간인에 대한 피해를 최소화하는 것이다.

국가 간 어떠한 외국 원조도 철저히 금지하는 것, 즉 국가 간의 불간섭주의 정책("고립주의(isolationism)" 또는 "중립주의(neutralism)")는 국가 간 평화적 공존을 골조로 하는 리버테리언 외교정책에서 필수적이지만 등한시되었던 원칙이다. A국이 B국에게 어떤 형태로든 원조를 제공하는 경우, ⑴ A국 국민에 대한 조세 침탈이 증대되고, ⑵ B국이 자국민을 억압하는 정도도 가중된다. 만약 B국에 혁명 세력이 존재한다면 [국가를 향한] 외국 원조는 혁명 세력에 대한 탄압을 더욱 심하게 만들 것이다. 설령 이 원조가 혁명 세력에게 향하는 것이라 할지라도, 즉 국가에 저항하는 자발적인 민중들에게 향하는 것이라 그나마 더 정당화될 수 있다 하더라도, (적어도) 국내의 조세 침탈을 가중시키는 것임으로 지탄받아야 마땅하다.

이제 리버테리언 이론이 제국주의 문제에 어떻게 적용되는지 살펴보자. 여기에서 제국주의는 A국이 B국 국민에게 가하는 침략 행위와 그에 따른 외국 지배의 유지로 정의할 수 있다. 이러한 A국의 제국주의적 지배에 맞서 B국 국민이 혁명을 일으키는 것은 그 공격이 지배자들에게만 향한다는 조건 하에서 정당하다. 심지어 리버테리언들조차, 서구 제국주의가 미개발 지역을 독립시키지 않고 지배하는 편이 독립 후 나타날 토착 정부보다 재산권을 더 잘 지켜줄 것이라며 이를 지지해야 한다는 주장을 종종 해왔다. 이에 대한 첫째 반론은 제국주의의 지배는 명백히 현실이며 비난받아야 하지만, 현 상태 이후에 어떤 일이 발생할지 판단하는 것은 순전히 가정에 불과하다는 것이다. 더 나아가 이러한 주장 자체가 출발점을 잘못 설정하고 있다. 이는 토착민이 제국주의를 통해 얻는 이익이 있을지 모른다고 가정하는데, 리버테리언은 오히려 정복 전쟁 비용과 제국주의의 관료체계를 유지하기 위해 착취당하는 서구의 납세자에게 초점을 맞춰야 한다. 이 점만으로도 리버테리언은 제국주의를 반드시 비판해야 한다.[22]

---

[22] 서구 제국주의에 관해 덧붙일 두 가지 사항이 있다. 첫째, 제국주의의 지배는 많은 리버테리언이 믿고 있는 것만큼 자유롭거나 자비롭지 않다. 존중받는 재산권은 오직 유럽인들의 것뿐이며, 토착민들은 가장 비옥한 땅을 제국주의자들에게 빼앗기고 그 노동력마저 폭력에 의해 강제로 동원되어 거대한 토지 사유지에서 일하도록 강요당한다. 둘째, 또 다른 신화는 20세기 초의 "군함 외교"가 후진국에 투자한 서구 투자자들의 재산권을 보호하기 위한 영웅적인 리버테리언 행동이었다는 것이다. 그러나 앞서 언급한 바와 같이, 국가가 독점한 영토를 넘어선 개입은 리버테리언 원칙에 어긋난다. 또한 군함 외교의 대부분이 사적 투자 보호가 아닌 서구 채권자들의 국채 상환을 보장하기 위한 것이었다는 점이 간과되고 있다. 서구 열강은 자국민에 대한 조세 침탈을 강화하라고 소국 정부에게 압박을 가했는데 이는 외국 채권자들에게 빚을 갚도록 하기 위함이었다. 이는 결코 사유재산을 보호하기 위한 행동이라고 볼 수 없다. 그와는 완전히 정반대였다.

모든 전쟁에 반대한다는 점이 리버테리언이 변화를 결코 용인하지 않고, 불의한 정권이 영원히 고착되는 것을 받아들이겠다는 의미일까? 결코 그렇지 않다. 예를 들어, 가상의 국가 "왈다비아"가 "루리타니아"를 공격하여 서부지역을 병합했다고 가정해보자. 이제 서부 루리타니아인들은 루리타니아 형제들과 재결합하기를 간절히 바라고 있다. 이를 어떻게 달성할 수 있을까? 물론, 두 국가 간의 평화적인 협상이라는 방법이 있지만, 왈다비아 제국주의자들이 완강하게 이를 거부한다면 어떻게 할 것인가? 혹은 리버테리언 왈다비아인들이 정의라는 명분으로 자국 정부에 병합을 철회하라고 압력을 넣어도 효과가 없다고 가정해보자. 그러면 어떻게 해야 할까? 우리는 여전히 루리타니아가 왈다비아를 상대로 전쟁을 일으키는 것은 정당하지 않다는 입장을 유지해야 한다. 정당한 방법은 (1) 억압받고 있는 서부 루리타니아인들의 혁명적인 봉기와 (2) 루리타니아 내의 민간 집단들(혹은 타국에서 루리타니아인의 대의를 지지하는 이들)이 서부 반군에게 장비나 자원봉사 인력을 제공하는 것이다.[23]

우리는 지금까지 논의 전반에 걸쳐서 리버테리언 평화론에서 현대의 대량살상무기의 제거가 갖는 결정적인 중요성을 분명하게 확인했다. 이

---

[23] 리버테리언 운동 내의 톨스토이주의(Tolstoyan) 계열은 서부 루리타니아인들에게 비폭력 혁명을 할 것을 촉구할 수 있다. 예를 들어, 세금 납세 거부, 불매 운동, 정부 명령에 대한 대규모 불복종 또는 특히 무기 공장에서의 총파업 등이 있다. 관련해서는 혁명적 톨스토이주의자 더리흐트(Bartelemy De Ligt)의 저서 《폭력의 정복: 전쟁과 혁명에 관한 에세이(The Conquest of Violence: An Essay On War and Revolution)》(뉴욕: 더턴, 1938)를 참조하라.

러한 무기들은 방어가 불가능하고 어떤 분쟁에서든 민간인을 향한 최대 수준의 공격을 보장하며, 문명의 멸망과 심지어 인류 자체의 멸종까지도 초래할 수 있는 명확한 가능성을 내포하고 있다. 따라서 리버테리언들의 의제에서 가장 우선순위가 되어야 할 것은 모든 국가들이 경찰 수준으로의 일반적이고 완전한 군축에 동의하도록 압력을 가하는 것이다. 특히 핵무기 폐기에 중점을 두어야 한다. 간단히 말해 우리가 전략적 지성을 발휘하려 한다면, 인류의 생명과 자유를 위협해온 가장 거대한 위협을 해체하는 일이, 쓰레기 수거 서비스의 민영화보다 훨씬 더 중요하다는 결론을 내릴 수밖에 없다.

전쟁이 필연적으로 불러오는 국내의 폭정에 대해서 한마디 하지 않고서는 이 주제를 떠날 수 없다. 위대한 랜돌프 본은 "전쟁은 국가의 건강"이라고 통찰했다.[24] 국가는 전쟁 속에서야말로 진정한 본모습을 드러낸다. 그 권력은 팽창하고, 관료 수는 불어나며, 자만심은 커지고 경제와 사회 전반에 대한 절대적인 지배권을 획득한다. 사회는 하나의 무리가 되어 자신들이 설정한 적을 죽이려 들고, 공식적인 전쟁 수행 노선에서 벗어나는 모든 이견을 색출하고 억압하며 공익이라는 명분으로 기꺼이 진실을 배신한다. 사회는 하나의 무장집단으로 변하며, 그 가치와 도덕은, 녹(Albert Jay Nock)의 표현을 빌리자면 "행진 중인 군대"의 그것과 같다.

---

24 랜돌프 본, 〈국가에 관한 미완성 단편(Unfinished Fragment on the State)〉,《때 아닌 글들(Untimely Papers)》(뉴욕: B.W. 휴브시, 1919) 참고.

전쟁이 국가를 비대하게 만드는 근본적인 원인은 전쟁이 국가가 자국민을 방어하기 위해 벌이는 것이라는 허구적 신화다. 사실은 그와 정반대이다. 전쟁은 국가의 건강인 동시에 가장 큰 위협이기도 하다. 국가가 "죽는" 유일한 방식은 전쟁에서의 패배 혹은 혁명뿐이다. 따라서 국가는 전쟁이 일어나면 국민을 동원해 다른 국가와 싸우게 만든다. 겉으로는 국민을 위해 싸운다고 주장하면서, 실제로는 국가 자신을 위한 싸움에 국민을 강제로 내모는 것이다. 이는 놀라운 일이 아니다. 우리는 다른 영역에서도 이와 같은 모습을 볼 수 있다. 국가는 어떤 범죄에 대해 가장 강하게 추적하고 처벌하는가? 개인에 대한 범죄인가, **국가 자신**에 대한 범죄인가? 국가의 법전에서 가장 중대한 범죄는 거의 항상 개인이나 재산에 대한 침해가 아니라, **국가 자신**의 안정과 권력에 대한 위협이다. 예를 들어, 반역, 적국으로 투항한 병사, 징병 등록 거부, 정부 전복 모의 등이 이에 해당한다. 살인 사건은 피해자가 **경찰**이거나 국가 원수가 암살당한 경우가 아닌 이상에는 아무렇게나 다루어진다. 개인 간의 채무 불이행은 장려하는 경향이 있지만, 소득세 탈루는 가장 엄중하게 처벌된다. 국가 화폐를 위조하는 행위는 사적인 수표를 위조하는 것보다 훨씬 더 가치 없이 추적된다 이 모든 증거는 국가가 사적 시민의 권리를 보호하는 것보다 자신의 권력을 유지하는 데 훨씬 더 관심이 있음을 보여준다.

마지막으로 징병제에 관해 한마디 덧붙이자면, 전쟁이 국가 권력을 증대시키는 방식 중에서 징병제야말로 가장 노골적이고 억압적인 수단일 것이다. 하지만 징병제에 대한 가장 놀라운 사실은 이를 옹호하는 논리들이 굉장히 터무니없다는 점에 있다.[25] 한 남자가 그의(혹은 다른 누군가의) 자유를 국경 너머의 악한 국가로부터 지켜야 하기 때문에 징집되어야 하는 상황을 생각해보자. 자유를 방어한다고? 도대체 어떻게? 그의 인격과 자유를 억압하고 그를 계획적으로 잔혹하게 비인간화하며 "지휘관"의 명령에 따라 살인을 수행하는 효율적인 기계로 만들어버리는 군대에 그를 강제로 편입시킴으로써 말인가? "그의" 군대가 그의 이익을 위해서 하고 있다는 그 짓보다 어떤 외국 국가가 더 나쁜 짓을 할 수 있겠는가? 오, 주여. 그의 "방어자"들로부터 그를 방어할 자는 누구입니까?

---

25 과거 군국주의자들이 평화주의자들에게 던지던 조롱인 "네 여동생이 강간당하려 할 때도 힘을 쓰지 않겠다는 거냐"에 대해 적절한 반박은 다음과 같다. "그렇다면 네 지휘관이 명령하면 네 여동생을 강간하겠다는 말이냐?"

왜 라스바드는 급진적 탈중앙화를 지지했는가

[Why Rothbard Wanted "Radical Decentralization" (Ryan McMaken) | Mises Institute]
(https://mises.org/mises-wire/why-rothbard-wanted-radical-decentralization)
미국 미제스 연구소 편집장 맥메이큰이 쓴 이 글은 아나코-캐피탈리즘의 실현전략으로서의
분리독립, 지방분권, 급진적 탈중앙화의 중요성을 설명한다.

1960년대 이후 라스바드는 그가 '급진적 탈중앙화(radical decentralization)'라고 부른 분리·독립(secession)을 리버테리언 이념의 핵심 원칙으로 간주했다.

예를 들자면, 그가 '신좌파'와 리버테리언의 적극적인 연대를 추구했던 시기인 1969년 5월, 라스바드는 《리버테리언 포럼》에 기고한 사설에서 민주당 뉴욕 시장 경선에 참여한 메일러(Norman Mailer)를 지지했다. 메일러가 거대한 뉴욕시 정부를 훨씬 작은 여러 자치정부로 탈중앙화하자는 구상을 제안한 점, "뉴욕시를 뉴욕주에서 분리해 51번째 주로 만들자"고 주장한 점을 긍정적으로 평가했다.

라스바드가 뉴욕 정부의 탈중앙화 구상을 평하기를,

> 단순히 거대 정부 기관을 분할하는 것뿐 아니라 가장 중요한 리버테리언 원칙인 분리·독립의 실천이기도 하다. 분리·독립은

리버테리언 철학의 결정적인 핵심이다. 모든 주는 국가로부터, 모든 하위 지방정부가 주로부터, 모든 구역이 도시로부터, 그리고 논리적으로는 모든 개인 또는 단체가 구역으로부터 탈퇴할 수 있어야 한다.

1977년 퀘벡의 캐나다 탈퇴를 지지하는 사설에서는,

리버테리언이 임박한 퀘벡 독립을 환영해야 할 두 가지 이유가 있다. 첫째, 분리·독립은 국가 내부에서 국가가 해체되는 것으로 그 자체가 리버테리언에게 대단히 큰 선이다. 이는 거대한 중앙집권국가가 작게 분할된다는 것을 의미한다. 서로 다른 지역 정부 간 경쟁이 치열해져 사람들은 더 큰 자유를 찾아 국경을 쉽게 넘을 수 있게 될 것이다. 우리는 이 분리·독립의 원칙이 지역, 도시, 구역, 그리고 개인에게까지 확장되기를 희망한다.

이렇듯 《리버테리언 포럼》에는 전 세계 곳곳의 분리·독립 운동을 지지하는 글이 다수 실렸다. 라스바드는 나이지리아에서 나이지리아로부터 비아프라(Biafra)의 분리·독립을 지지했고, 오늘날 콩고민주공화국으로 알려진 지역에서 촘베(Moise Tschombe)가 이끌었던 분리주의 운동에 미국이 간섭해 "인위적으로 중앙집권화된 콩고"를 만든 일을 개탄했다.

1983년에는 그리스계 키프로스와 터키계 키프로스의 분리를 옹호하며 미국 정부의 통일 촉구를 비판했다. 그는 "키프로스의 터키계 소수민족이 왜 독립 공화국을 세울 권리가 없단 말인가?"라고 반문했다.

이는 1962년에 집필되었으나 "너무 과격하다"는 출판사의 우려로 1970년에야 출간된 저서 《권력과 시장(Power and Market)》의 논조와 일맥상통한다.

《권력과 시장》의 첫 장 〈자유시장 하의 방위 서비스(Defenses on the Free Market)〉에서, 라스바드는 인간 사회가 기능하기 위해 전 세계를 지배하는 하나의 단일 국가가 법체계를 강제해야 한다고 생각하는 사람들이 거의 없다는 점을 지적한다. 세계 단일 정부가 갖는 문제점을 많은 이들이 인식한다는 점은, 정치적 실체가 하나 이상 존재하는 것이 허용된다는 사실을 사실상 모두가 인정한다는 점을 의미한다. 그렇다면 이 원칙을 가능한 가장 기본적 수준까지 확장해야 한다.

> 캐나다와 미국이 각각 별개의 국가로 존재해도 '용납할 수 없는 무정부 상태'라고 비난할 수 없다면, 왜 남부가 미국에서 분리할 수 없는가? 또는 뉴욕주가 미국에서, 뉴욕시가 뉴욕주에서, 맨해튼이 뉴욕시에서, 특정 구역이 맨해튼에서, 특정 거리가 특정 구역에서, 한 가정이 특정 거리에서, 특정 가정에서 한

개인이 탈퇴하지 못할 이유가 있는가?

라스바드는 이 논쟁에서 명백히 분리주의를 찬성했다.

그의 이러한 관점은 삶이 끝날 때까지 변함없었다. 1990년대 구 공산권 해체 과정에서도 발트 3국, 슬로베니아, 체코슬로바키아 등의 분리·독립을 지지했고, 1994년에는 구소련뿐 아니라 미국을 포함한 모든 거대 국가의 해체를 촉구하며 다음과 같이 주장했다.

> 요컨대 모든 집단, 모든 민족은 어떤 국가로부터도 분리·독립해 자신들을 받아줄 다른 국가에 합류할 권리가 있어야 한다.

라스바드가 정치적 최고 가치(보편적 최고 가치와 동일시한 것이 아님)로서 개인의 자유를 중시했다. 분리·독립을 왜 그토록 그에게 중요한 문제였을까? 결국 분리·독립 그 자체가 새로 생긴 관할구역(jurisdiction)의 주민들에게 더 큰 자유를 보장해주는 것은 아니지 않은가?

라스바드는 크게 두 가지 이유로 분리·독립을 추구하였다.

첫째, 분리·독립은 아나코 캐피탈리즘이라는 이상으로 나아가기 위한 유용한 전략이다.

둘째, 설령 이상에 도달할 수 없더라도, 작은 국가는 큰 국가보다 독점 권력을 행사하기 어렵기 때문에 충분히 가치가 있다.

탈중앙화는 개인의 정치적 독립에 가까워지는 방법이다

라스바드는 《권력과 시장》에서 개인 수준까지의 탈중앙화를 희망한다고 밝혔다. 그는 개인의 진정한 정치적 독립, 즉 완전한 자유 사회로 나아가기 위해서는 지역 단위 이상의 분리·독립을 추진해야 한다고 지적한다.

> 각 개인이 정부에서 탈퇴할 수 있다면, 우리는 사실상 순수한 자유 사회에 도달한다. 여기서는 보호 서비스조차 다른 모든 서비스와 마찬가지로 자유시장에 의해 제공된다. 침해자인 국가는 더 이상 존재하지 않는다.

이는 라스바드의 새로운 주장이 아니라 미세스가 제시한 논리를 자연스러운 귀결까지 확장한 것이다. 미제스는 1927년 저작 《자유주의(Liberalism)》에서 '자기결정권(self-determination)'을 실현하기 위한 수단으로 고도로 탈중앙화된 정부가 필요하다고 보았다. 그는 소수 집단이 다수 집단에 의해 압도되지 않도록 보장하려면 가능한 작은 단위가 정치적 자치를 누려야 한다고 생각했다.

> 우리가 말하는 자기결정권은 민족의 자기결정권이 아니라, 독립된 행정 단위를 형성할 수 있을 만큼 충분히 큰 모든 지역 주민의 자기결정권이다. 만약 이를 개인에게까지 부여할 수 있다면, 그렇게 해야 한다.

미제스는 그러한 자기결정권을 분리·독립으로 실현할 수 있다고 제안했다.

> 하나의 마을이든, 전체 구역이든, 인접한 여러 구역이든, 해당 지역 주민들이 자유로운 투표를 통해 현재 속한 국가로부터 떨어져 독립 국가를 세우거나 다른 국가에 편입되기를 원한다면, 그들의 의사는 존중되어야 한다.

그러나 미제스는 개인에게도 완전한 자기결정권을 부여하는 것은 도덕적으로는 옳더라도 현실적으로 매우 어렵다고 보았다.

라스바드 역시 개인 단위의 급진적 탈중앙화는 실현 난이도가 무척 높다는 점을 인정했다. 그는 분리·독립을 '올바른 방향'으로 사회를 이끌기 위한 전략으로 지지했다.

> 완전한 민영화가 이루어지기 이전에는, 미세한 구역 수준까지

탈퇴와 지역적 자기결정권를 허용하고 월경지(enclave)와 고립영토(exclave)를 위한 통행권 계약을 마련한다면 우리의 이상에 접근하면서도 갈등을 최소화할 수 있을 것이다. 미국에서 이러한 급진적 탈중앙화를 추진하려면, 리버테리언, 고전적 자유주의자, 더 나아가 모든 소수자 및 반체제 집단은 오늘날 잊혀진 수정헌법 제10조에 주목하면서 중앙집권적인 연방 대법원의 역할과 권력을 해체할 필요가 있다. 대법원에 '우리 편' 인물을 앉히려 애쓰는 대신, 그 권한을 가능한 한 축소시키고 주 또는 지방 사법 기관으로 분해하는 것이 중요하다.

미제스와 마찬가지로 라스바드는 규모가 더 작고 더 탈중앙화된 정부일수록 개인이 자기 선호와 필요에 더 부합하는 공동체에서 살 가능성이 높다고 보았다. 즉 분리·독립은 자발적 공동체와 개인 모두의 '자기결정권'을 확대하기 위한 도구다.

작은 국가는 더 덜 억압적인 국가다

라스바드가 분리·독립과 급진적 탈중앙화를 옹호한 둘째 이유는, 국경 내 주민들에게 권력을 행사하는 능력이 국가의 규모가 작을수록 더 제한된다고 믿었기 때문이다.

그는 《리버테리언 포럼》에서 개인이 "더 큰 자유를 찾아 국경을 넘는" 기회를 더 많이 얻기 위해서는 작은 국가들이 필요하다고 평가했다.

실제로도 그렇다. 국가가 작아질수록 문화적으로 고립되기 어려워지고, 무역과 교환을 제한해 국민이 더 잘살 수 있다는 국가주의 신화를 퍼뜨리기도 힘들어진다.

> 국가의 수가 증가하는 세계에 대한 일반적인 반응은 무역 장벽이 더 촘촘히 세워질 것이라는 우려다. 그러나 다른 조건이 동일하다면, 새로운 국가가 더 많아지고 각각의 규모가 작아질수록 자급자족의 환상을 심는 것은 어려워진다. "미국 제품을 사자"라는 구호는 먹혀들 수 있어도, "노스다코타 제품을 사자"나 심지어 "56번가 제품을 사자"는 구호가 설득력을 얻긴 힘들 것이다. 마찬가지로 "일본을 타도하자" 같은 선전은 가능해도, "사우스다코타를 타도하자"나 "55번가를 타도하자"는 구호는 설득하기 어렵다. 각 주, 지역, 또는 구역마다 지역 화폐를 찍는다면 불환지폐의 부조리와 폐해도 훨씬 분명히 드러날 것이다. 더 탈중앙화된 세계는 금이나 은 같은 건전한 화폐(sound money)를 선택할 가능성이 높다.

이처럼 라스바드는 "서로 다른 지역 정부 간의 더 많은 경쟁"이 개인에게는 순수한 이익이 된다고 보았다.

역사학자 라이코(Ralph Raico)에 따르면, 1970년대 중반까지 많은 경제사학자들은 유럽이 비교적 높은 물질적 풍요와 정치적 자유를 누리게 된 요인 중 하나로, 수많은 정치 단위 간 경쟁, 즉 '정치적 아나키'를 제시했다. 예컨대 존스(E. L. Jones), 베슐레(Jean Baechler), 노스(Douglass North)는 1970년대 후반 발표한 저서에서 공통적으로 단일한 정치적 지배의 부재가 유럽 발전의 핵심 배경이었다고 분석했다.

아마도 라스바드 역시 비슷한 통찰을 가졌을 것이고 경험적 연구들을 근거로 삼았을 것이다. 상식적으로도 국가의 수가 많을수록 정치적 억압을 피해 탈출할 수 있는 통로와 선택지가 늘어난다는 점은 분명하다.

후속 연구 역시 같은 결론을 강화하고 있다. 냉전 종식 이후 유럽의 소국들은 대국보다 자유무역에 더 개방적이었고 자본을 유치하기 위해 세율을 인하했다. 이와 같은 세금 경쟁은 대국의 세율 인하도 압박했다. 아프리카에서도 소국이 정치적 안정과 경제적 자유 측면에서 우위에 있다는 연구 결과가 나왔다.

이 두 가지 측면에서 경험은 라스바드의 주장이 옳았음을 시사한다. 예컨대 에스토니아인, 폴란드인, 슬로베니아인이 여전히 모스크바나 베

오그라드의 지배에 묶여 있었다면 지금보다 더 나았을 것이라고 보긴 어렵다. 반면 소국과 초소형 국가(microstate)들은 중국이나 독일 같은 대국이 상상조차 못 할 수준의 자유와 선택, 개방성을 제공하고 있음을 우리는 계속해서 목격하고 있다.

한스-헤르만 호페 (Hans-Hermann Hoppe)

15 Great Austrian Economists, ed. by Randall Holcombe (Auburn, Ala.: Ludwig von Mises Institute, 1999), *pp. 223-41.*

옮긴이 주: 각 단락과 소제목은 번역과정에서 추가한 것이다.

부록:

머레이 뉴턴 라스바드 – 경제학, 과학, 그리고 자유
(한스-헤르만 호페)

Murray. N. Rothbard:
Economics, Science,
and Liberty
(Hans-Hermann Hoppe)

/ 1 /

오스트리아학파 경제학에서 라스바드의 중요성

머레이 뉴턴 라스바드(Murray N. Rothbard, 1926-1995)는 오스트리아학파 경제학의 지적 전통에서 대체할 수 없는 영향력을 행사한다고 평가받는다. 그가 그러한 지위를 차지하게 된 이유는 크게 세 가지가 있다.

첫째, 라스바드는 오스트리아학파 경제학 내부의 주류(mainstream)를 대표하는 가장 최근의 인물이다.[1] [역자 문단 바꿈]

---

1   오늘날의 학계에서는, 일반적으로 하이에크가 훨씬 더 중요한 오스트리아학파 경제학자로 여겨지고 있다. 그러나 명백하게 밝혀야 할 점은, 하이에크는 오스트리아학파 경제학의 주류인 합리주의 전통을 대표하는 사람이 아니고, 하이에크도 이를 인정한다는 점이다. 영국의 지적 전통인 경험주의와 회의주의에 서있는 하이에크는, 맹거, 뵘바베르크, 미제스, 그리고 라스바드가 옹호했던 대륙의 합리주의를 명시적으로 반대하는 사람이다. 이 주제에 대하여, Joseph T. Salerno, "Ludwig von Mises as Social Rationalist", *Review of Austrian Economics* 4 (1990): 26-54; Jeffrey M. Herbener, "Introduction", in *The Meaning of Ludwig von Mises*, Jeffrey M. Herbener, ed. (Boston: Kluwer Academic Publishers, 1993); Hans-Hermann Hoppe, "Einfuhrung: Ludwig von Mises und der *Liberalismus*", in Ludwig von Mises, *Liberalismus* (St. Augustine: Academia Verlag, 1993); idem, "F. A. Hayek on Government and Social Evolution", *Review of Austrian Economics* 7, no. 1 (1994): 67-93; idem, "Die oesterreichische Schule und ihre Bedeutung für die moderne Wirtschaftswissenschaft," in Hans Hoppe, Kurt Leube, Christian Watrin, and Joseph Salerno, *Ludwig von Mises's 'Die Gemeinwirtschaft'* (Düsseldorf: Verlag Wirtschaft und Finanzen, 1996); Murray N. Rothbard, The Present State of Austrian Economics, in idem, *The Logic of Action* (Cheltenham, U.K.: Edward Elgar, 1997), vol. 1을 참고하라.

다른 지적 전통과 마찬가지로, 오스트리아학파 경제학 내에도 상호 연결된 [그러나 의견 충돌이 있는] 분파들이 여럿 존재한다. 그중에서, 학파의 창시자 멩거(Carl Menger)를 시작으로, 뵘바베르크(Eugen von Böm-Bawerk)와 미제스(Ludwig von Mises)가 계승한 오스트리아학파의 주류, 즉 합리주의(rationalism) 분파를 대표하는 가장 최근의 인물이 바로 라스바드이다. 멩거, 뵘바베르크, 그리고 미제스와 마찬가지로, 라스바드 역시 거침없는 합리주의자이고, 역사주의(historicism), 경험주의(empiricism), 실증주의(positivism), 반증주의(falsificationism), 그리고 회의주의(skepticism)를 비롯한 모든 형태의 사회적 상대주의(social relativism)를 비판한다. [오스트리아학파 주류로서] 알려진 그의 전임자들처럼, 라스바드 역시 경제학 법칙이 존재하고, 더 나아가 그러한 법칙은 '엄격하거나'(exact, 멩거의 주장) '선험적인'(aprioristic, 미제스의 주장) 법칙이라는 견해를 옹호하였다. (경험적인) 자연과학의 명제들은 새로운 자료가 발견될 때마다 끊임없이 검증을 받아야 한다. 반면에, 경제학의 명제들은 필연적이고 비 가설적인 관계에 관한 것이고, [제대로 만들어진 명제라면] 의심할 여지가 없는(apodictic) 타당성을 가진다고 여겨진다. 오스트리아학파의 주류에 따르면, 모든 경제학 법칙은 자연과 인간에 대한 몇 가지 근본적 사실들로부터의(멩거의 주장) 또는 약간의 [보조적인] 경험적(으로 검증 가능한) 가정들의 도움을 받아 "인간은 행동한다."(man acts)라는 하나의 공리로부터의(미제스의 주장) 연역적 추론을 통해 파악할 수 있다. "인간은 행동한다."라는 명제는 반박할 수 없는데, 그것을 반박하려는 모든 시도가 [그 명제의 효력을 암묵적으로 또는 명시적으로 인정하는] 자기모순에 부딪힐 수밖에 없기 때문이다. 따라서 이 명제는 반박할 수 없는 진리이다. 전임자들처럼, 라스바드는 경제학 명제들을 경험적 자료에 기초한 연구를 통해 검증할 필요가 없고, 더 나아가 검증 자체가 불가능하다고 여겼다. 경험을 통해 경제학 정리의 타당성을 예증할 수는 있다. 그러나, 경험을 통해 그것을 논박하거나 반증할 수는 없다. 경제학 정리의 궁극적 타당성은 오직 행동 공리의 반박 불가능한 타당성, (정확하게 실행된) 연역적이고 논리적인 추론의 타당성에서 기인하기 때문이다. 경제학 법칙을 경험적으로 검증하려고 하는 것은 범주를 제대로 파악하는 데 실패했음을 보여줄 뿐이다. 더 나아가, 그의 전임자들인 멩거, 뵘바베르크, 그리고 미제스처럼, 라스바드 역시 인식론적 그리고 방법론적 개인주의를 확고하게 고수한다. 오직 개인만이 행동한다. 따라서, 모든 사회현상은 목적을 가진 개인이 행동한 결과라고 설명(논리적으로 재구성)된다. '전체론적'(holistic) 또는 '유기체론적'(organicist) 설명은 유사과학적 설명에 불과하므로 절대적으로(categorically, 범주적으로) 거부되어야 한다. 마찬가지로, 사회현상을 기계의 작동으로 설명하는 것 역시 유사과학이므로 폐기되어야만 한다. 인간은 불확실성의 조건으로 행동한다. 사회를 기계 또는 균형(equilibrium)으로 파악하려는 발상은, 인간의 행동이 기계 또는 로봇의 작동과 근본적으로 다르지 않고, 범주적으로 구별할 수 없는 경우에만 유용할 뿐이다.

둘째, 라스바드는 오스트리아학파 경제학의 시스템 빌더(system-builder)

중 가장 최근의 인물인 동시에, 학파의 역사상 가장 포괄적인 체계를 설계하였다. [역자 문단 바꿈]

오직 합리주의자들만이 완전성(completeness)을 가진 체계에 대한 영원한 바람을 가진다. 멩거와 뵘바베르크가 이러한 체계의 기초를 다지는 데 상당한 이바지해냈지만, 안타깝게도 그토록 바라던 궁극의 지적 욕망을 완성하지는 못했다. 비로소 미제스가 기념비적인《인간행동》(Human Action)을 발표함으로써 그 위대한 업적을 달성할 수 있었다.[2] 라스바드가 《인간행동》에 대하여 쓰기를, "마침내 전체로서의 경제학이 다시 한번 그 모습을 드러냈다. 그뿐만이 아니다. 미제스 교수의 독창적이고 새로운 많은 기여가 통합된 경제학의 구조가 바로 여기에 있다." 미제스 이후, 오직 라스바드만이《인간, 경제, 국가》(Man, Economy, and State)와 그 후속작인 《권력과 시장》(Power and Market)을 통해서 비슷한 업적을 이루어냈다.[3] 비록 라스바드의 책은 미제스의 대작을 본보기로 삼았지만, 오히려 더 포괄적이고 완전한 것이고, 심지어 그가 미제스와《인간행동》에 보낸 찬사가 자기 자신과《인간, 경제, 국가》에도 마찬가지로 적용될 수 있을 정도이다. 미제스가 학술지《새로운 개인주의 비평》(New Individualist Review)에서 라스

---

2   Ludwig von Mises, *Human Action*, 3rd rev. de. (Auburn, Ala.: Ludwig von Mises Institute, [1949] 1966).

3   Murray N. Rothbard, *Man, Economy, and State: A Treatise on Economic Principles* (Auburn, Ala.: Ludwig von Mises Institute, [1962] 1993); idem, *Power and Market* (Menlo Park, Calif.: Institute for Humane Studies, 1970).

바드의 책을 소개할 때 실제로 그러한 찬사를 보냈다는 것이 이러한 평가에 권위를 실어준다. 미제스가 말하기를, 라스바드의 책은:

> 인간행동학(praxeology)으로 명명된 인간행동의 일반과학, 그리고 인간행동학의 여러 분야 중 가장 잘 발달했을 뿐만 아니라 실천적으로도 가장 중요한 부분인 경제학의 신기원을 여는 공헌이다. 따라서, 앞으로 인간행동학과 경제학에 대한 모든 핵심적인 연구는 라스바드 박사가 해설한 이론과 비판 위에서 이루어져야 할 것이다.[4]

오늘날, 미제스의 《인간행동》과 라스바드의 《인간, 경제, 국가》는 오스트리아학파의 정점이고, 학파 자체의 본질적 의미를 규정하는 업적으로 받아들여지고 있다. 오스트리아학파 경제학을 공부하는 사람이건, 아니면 그 비판자건, 《인간행동》과 《인간, 경제, 국가》를 읽지 않았다면 입을 열 자격이 없다.

마지막 셋째, 라스바드는 오스트리아학파 경제학의 정치적 함의를 밝혀낸 가장 최근의 인물인 동시에, 학파의 역사상 가장 체계적인 분석을 내놓았다. [역자 문단 바꿈]

---

4 Ludwig von Mises, A New Treatise on Economics, *The New Individualist Review* 2, no. 3 (1962): 39-42.

합리주의는 완전성을 가진 체계를 열망하는 만큼 정치적 행동주의 역시 열망한다. 합리주의자들에 따르면, 인간은 그 무엇보다도 **합리적 (rational)** 동물이다. 인간의 행동과 역사의 경로를 결정짓는 것은 (자생적인(spontaneous) 질서와 자연선택이라는 무계획적인 진화적 힘에 의해서가 아니라) 사상(ideas)에 의해서 결정된다. 사상은 옳거나(true) 틀릴 수(false) 있다. 그러나, 오직 옳은 사상만이 '작동하고' 성공과 진보로 이어진다. 반면 잘못된 사상들은 실패와 몰락으로 이어진다. 학자는 옳은 사상을 발견하고, 틀린 사상을 박멸한다는 점에서, 인간 역사에서 매우 중요한 역할을 담당한다. 인간의 진보는 전적으로 학자에게 달려 있다. 진보는 진리의 발견 그리고 옳은 사상 확산(계몽)의 결과이기 때문이다. 진리는 태생적으로 실천적이다. 어떤 사상이 옳은 것이라고(또는 틀린 것이라고) 인식한 학자는, 그것이 즉각적으로 시행되기를(또는 박멸되기를) 바라지 않을 수 없다. 이런 이유에서, 멩거는 학자로서 야망을 추구하는 동시에 오스트리아의 황태자 루돌프(Rudolf, Crown Prince of Austria)의 개인 교사로 근무했고, 오스트리아 상원(귀족원)의 종신 의원으로 임명받았다. 마찬가지로 뵘바베르크 역시 오스트리아의 재무장관 임기를 세 차례나 역임했고, 상원의 종신 의원이 되었다. 미제스도 비엔나 상공회의소의 수석 경제학자로서 전국적인 명성을 떨쳤고, 오스트리아 제1공화국 당시 많은 저명인사의 경제 고문을 맡았으며, 미국으로 망명한 이후에는 전미 제조업 협회를 비롯한 여러 조직의 자문으로 재직했다. 그러나 오직 미제스만이 더 많은 것을 이뤄냈다. 그가 경제학 체계를 최초로 설계했던 것처럼(그의 1927년 저작

《자유주의》(*Liberalism*)를 통해서), 오스트리아학파 경제학을 급진적 자유주의(libertarianism) 정치개혁과 통합하여 오스트리아학파 행동주의를 체계화한 최초의 인물이 바로 미제스였다. 미제스에 비교할 수 있는 성취를 달성한 사람은 마찬가지로 많은 자문직을 역임하고, 여러 교육기관의 창설자이자 학술 책임자로 봉사한 라스바드뿐이다. 더 나아가, 라스바드는 미제스를 뛰어넘어 더 많은 체계화를 이루어냈다. 그의 저작《자유의 윤리》(*Ethics of Liberty*)[5]에서, 라스바드는 (사유재산이라는 개념에 위에서) 가치 중립적인 오스트리아학파 경제학과 자유주의적인 정치철학(윤리학)을 통합하여 하나의 거대한 사회이론체계를 형성하고, 경제학과 정치철학(윤리학)을 그 체계의 상호보완적인 두 하위 분야로 위치 지었다. 그리하여 라스바드는 급진적인 오스트로-리버테리언(Austro-libertarian) 철학운동을 창조하는 위업을 달성하였다.

---

5   Murray N. Rothbard, *The Ethics of Liberty* (Atlantic Highlands, N. J.: Humanities Press, 1982).

2

한계효용이론과 후생경제학

경제학 이론에서, 라스바드는 미제스가 《인간행동》에서 정립한 표준을 넘어서는 중대한 기여를 크게 두 가지 남겼다. 첫째, 그는 한계효용이론을 체계적으로 규명하였다. 둘째, 후생경제학을 재구성하였고 그에 따라 미제스의 체계에서는 무시당했던 국가에 대한 경제학적 분석을 발전시켰다.

미제스는 그의 1912년 저작 《화폐와 신용의 이론》(Theory of Money and Credit)[6]에서 이미 한계효용(marginal utility)이 엄격하게 순서수적(ordinal)이라는 점을 밝힌 바 있다. 이 점에 기초하여, 라스바드는 한계효용에서의 '한계'(marginal)는 (측정 가능성을 암시하는) '효용의 증가'(increments of utility)를 가리키는 것이 아니라 (측정 가능성과 무관한) '증가한 재화'의 효용(the utility of increments of goods)을 의미한다고 설명한다. 효용을 가지는 재화, 그리고 그 재화 크기의 증가는 물리적인 맥락에서 설명할 수 있다. 즉, 재화는 물리

---

[6] Ludwig von Mises, *The Theory of Money and Credit*, H. E. Batson, trans. (Indianapolis, Ind.: Liberty Fund, [1912] 1980).

적으로 존재하고 그 증가 역시 공간 안에서 이루어지기 때문에, 측정 가능한 것이고 단위량의 추가를 계산할 수 있다. 반대로, 물리적 재화와 그 재화 단위의 물리적 증가에 부착된 효용은 순수하게 내포적인(intensive) 등급(magnitude)이다. 재화에 부착된 효용은 물리적 공간에 자리 잡은 것이 아니다. 따라서 측정할 수 없고, 연산의 척도를 가지고 계산하는 것이 매우 어렵다. 효용을 계량수(cardinal)적으로 측정하려는 모든 시도는 헛수고이다. 내포적인 등급**으로서의** 효용은 오직 순서수적으로만, 다시 말해 개인의 수평적인(one-dimensional) 선호척도에 따라 매겨진 평가의 순위로서만 다루어질 수 있다. (그리하여 모든 경제 현상은, 특히 화폐 계산과 '객관적인' 비용 회계는, 궁극적으로 개인이 순서수적으로 판단한 평가 순위의 단순한 결과로 환원되고 해명되어야 한다.) 개인의 수평적인 선호척도 위에서의 위치를 별개로 한다면, 서로 다른 재화들 사이에는, 그리고 같은 재화의 다른 양들 사이에는 어떠한 양적 관계도 존재하지 않는다. 특히 (한계효용들의 덧셈 또는 총합으로 여겨지는) 총효용(total utility) 따위는 존재하지 않는다. 사실 '총'효용이라는 것은, 단지 더 큰 규모의 재화량에 부착된 한계효용일 뿐이다. 라스바드가 설명하기를:

> 인간행동의 필연적인 조건으로부터 기인하는 효용에 대한 두 가지 법칙이 있다. 첫 번째 법칙은 한계효용 체감의 법칙(the law of diminishing marginal utility)이다. **즉, 재화 단위의 규모가 주어진 상황에서 단위 공급이 증가한다면 각 단위의 (한계)효용은 감소한다.** 두 번째 법칙은 총효용 증가의 법칙(the law of increasing

total utility)이다. **즉, 더 큰 규모(larger-sized)의 단위가 가지는 (한계)효용은 더 작은 규모(smaller-sized)의 단위가 가지는 (한계)효용보다 크다.** 두 법칙 사이의 관계, 그리고 두 법칙이 다루는 항목들의 관계는 순전히 순위의 관계, 즉 순서수적 관계이다.[7]

라스바드는 이 관계를 다음과 같이 표현한다[8] :

가치 순위

- 달걀 3개(3 eggs)

- 달걀 2개(2 eggs)

- 달걀 1개(1 egg)

- 두 번째 달걀 1개(2nd egg)

- 세 번째 달걀 1개(3rd egg)

이 개인적인 달걀 가치척도에서, 등급이 더 높다면 가치도 더 높은 것이다. 총 효용 증가의 법칙에 따르면, 달걀 3개는 달걀 2개보다 더 가치 있고, 달걀 2개는 달걀 1개보다 더 가치 있다. 한계효용 체감의 법칙에 따르면, 두 번째 달걀 1개는 첫 번째 달걀 1개보다 덜 가치 있고, 세 번째

---

7   Rothbard, *Man, Economy, and State*, pp. 270-271; 강조는 원본의 것임.

8   Rothbard, *The Logic of Action*, vol. l, p. 222.

달걀 1개는 두 번째 달걀 1개보다 덜 가치 있다. 달걀 3개가 가지는 한계효용이 세 번째 달걀 1개가 가지는 한계효용보다 크기는 하지만, 이 점을 제외하면 어떠한 수학적 관계도 없다.

윅스티드(Philip Wicksteed)와 미제스의 영향을 받은 로빈스(Lionel Robbins)가 처음으로 주류 경제학에 [한계효용 개념을] 도입했던 것처럼, 효용은 순서수적 성격을 가지기 때문에 개인의 내면에 있는 효용의 비교는 불가능하고, 마찬가지로 개인들이 가진 서로 다른 효용을 비교하는 것도 불가능하다고(유사과학적이라고) 여겨져야 한다. 그렇다면 효용 간 비교에 입각한 모든 사회복지[정책]의 제안은 임의적일 뿐이라는 결론이 논리적으로 뒤따른다.[9] 주류 학계의 후생경제학이 이 결론을 완전히 이해하고 나서 엄청난 혼란에 빠져있는 동안, 라스바드는 후생경제학을 급진적이고, 새롭고, 엄밀하게 순서수적으로 재구성하는 데 성공했는데, 이는 개인의 자기 소유권(self-ownership)과 입증된 선호(demonstrated preference)라는 두 개

---

9 Lionel Robbins, *The Nature and Significance of Economic Science* (London: Macmillan, 1932), chap. 6을 보라. 내면의 효용 비교와 대인 간 효용 비교가 불가능하다는 점은, 두 명의 개인 또는 두 개의 시기(time periods)가 객관적으로 비교될 수 없음을 의미하지 않는다. 사실, 모든 개인은 객관적으로 어떤 특정한 재화의 수량적 공급이 증가해왔는지, 감소해왔는지, 또는 그대로인지 등을 판단할 수 있다. 그리고 다른 재화에 대한 공급이 그대로인 반면, 한 재화에 대한 공급은 증가해왔다면(감소해왔다면), 확실히 이 개인은 더 나아졌고(나빠졌고) 자신의 개인적 가치척도에서 더 높은(낮은) 등급을 달성했다고 객관적으로 말할 수 있다. 마찬가지로 화폐 경제에 참가하는 모든 개인이 자기 자산의 화폐 가치가 증가되었는지, 감소되었는지, 또는 그대로인지 등의 여부를 객관적으로 판단할 수 있다.

념에 근거한 혁명이었다.[10]

자기 소유권의 의미는 단순하다. 모든 개인은 자기 자신의 물리적인 신체를 소유(통제)한다. 라스바드의 설명에 따르면, "인간의 본성(nature)은 '영혼'과 물질의 혼합이다."[11] 살아있는 모든 신체는 하나의 독립적인(자율적인) 의식과 의지, 즉 자기(self) 또는 자아(ego)가 점유하고 통제하는 것이다. 따라서, 신체가 살아있는 한, 우리는 그것을 (단순한 몸뚱이(corpus)로 여기는 것이 아니라) **인격체(persona)**로 간주한다. (주류 후생경제학이 서로 다른 개인적인 효용극대추구자(separate individual utility maximizers)에 대하여 논한다는 사실을 고려한다면, 그들 역시 자기들도 의식하지 못하는 사이에 자기 소유권 개념을 받아들인다고 말할 수 있다.) 입증된 선호 개념은 자기 소유권 안에 암시된 것인데, 그 의미는 단순히 "실제로 이루어지는 선택이 사람들의 선호를 현시하거나 입증한다. 즉, 개인이 행동을 통해 선택한 것으로부터 그의 선호를 추론할 수 있다"라는 것이다.[12] 모든 행동은 개인이 자기 신체를 목적 지향적으로 사용하는 것이고, 따라서 [행동한다는 것은] 개인이 신체 역시 **재화**로 평가한다는 것을 입증

---

10 후생경제학에 대한 라스바드의 기여들은 그의 저작 전체에 걸쳐 흩어져 있는데, 그의 1958년 논문 "Toward a Reconstruction of Utility and Welfare Economics"에서 시작되어 1982년 저작 *Ethics of Liberty*에서 완성되었다. Hans-Hermann Hoppe, Book Review of Man, Economy, and Liberty, *Review of Austrian Economics* 4 (1990): 257-258; idem, *The Economics and Ethics of Private Property* (Boston: Kluwer, 1993), pp. 232-233; Jeffrey M. Herbener, The Pareto Rule and Welfare Economics, *Review of Austrian Economics* 10, no. 1 (1997): 79-106도 참고하라.

11 Rothbard, *The Ethics of Liberty*, p. 31.

12 Rothbard, *The Logic of Action*, vol. 1, p. 212.

한다. 더 나아가, 개인이 [잠재적으로 선택할 수 있었던] 다른 [신체 활용] 방식이 아니라 [그가 실제로 선택하여 신체를 활용한] 그 방식을 선택했다는 것은, 행동을 결정하던 당시에 그가 고려할 수 있었던 모든 행동 중에서 실제로 선택한 그 행동을 재화로서의 신체의 가장 가치 있는 활용방안으로 여겼다는 점을 동시에 입증한다. 효용의 순서수적 특성에 의하여, 행동은 선호 순서와 순위가 **존재한다는 사실만을** 보여줄 뿐이다. 행동은 '차이'(differences), 또는 순위들의 '간격'(distances), 또는 선호의 '강도'(intensity) 등에 대해서는 아무것도 보여주지 않고, 마찬가지로 '무차별'(indifference)을 입증하지도 않는다. 순위들의 '차이'나 '무차별' 같은 것은 그저 계량수적인 효용을 전제하는 가치**동등성**(value-equality)[을 가정한 결과]일 뿐이다.

자기 소유권과 입증된 선호라는 개념에 입각하고, 순서수적 효용을 의미 있게 진술하기 위해 파레토(Vilfredo Pareto)의 제약을 받아들이며, 라스바드는 다음과 같은 명제들을 추론해냈다: 만약 누군가 자연이 준 것들(소유되지 않은 '자원'(land))을 통제(점유)하기 위해 자신의 몸('노동')을 쓴다면, 그리고 오직 살아남기 위해서 그렇게 한다면, 이 행동은 천연자원이 그에게 재화라는 것을 입증한다. 그리하여, 그는 천연자원을 점유함으로써 효용을 얻어야 한다. 그의 이러한 행동은 다른 어떤 사람에게도 피해를 주지 않는다. 그는 이전에 소유되지 않은 자원을 점유했을 뿐이지, 다른 사람에게서 빼앗아간 것이 아무것도 없기 때문이다. 만약 다른 사람들이 그 자원을 가치 있다고 생각했다면, 그들은 그것을 점유했을 것이지만 분명 그렇게 하지 않았다. 그들이 그것을 점유하지 않았다는 것은, 그들이 그것을 점유하지 않는 것을 선호했음을 입증한다. 그러므로 그들은 다른 사람의 점유로 인해 어떤 효용을 잃었다고 말할 수 없다. 입증된 선호에 입각한다면, 이러한 본래적 점유(original appropriation) 행위에 기초한 모든 추가적 행동은, 타인이 점유하거나 자기 수단을 활용해 생산한 자원의 물리적 무결성을 깨트리지 않는 이상, 생산이건 소비건 무관하게 동등한 파레토 우위(pareto-superior)라고 말할 수 있다. 생산자-소비자는 확실히 더 나아졌고, 그를 제외한 다른 모든 사람은 여전히 이전과 똑같은 양의 재화를 통제한다. 결과적으로 볼 때, 더 나빠진 사람은 아무도 없다. 따라서, 이러한 기초 위에서 행해진 모든 자발적인 재화의 교환은 당연히 파레토 우위를 가져오는 변화이다. 다른 사람들이 소유하는(행동으로 통제하는) 재화의 공급이 변하지 않으면서도, 쌍방의 교환 당사자들은 그러한 교환으로부터 이익을 얻을 것을 기대하는 경우에만 자발적 교환이 발생하기 때문이다.

/ 3 /

국가론

　이러한 명제들에 근거하여, 라스바드는 완전히 새로운 오스트리아학파의 국가론을 발전시켰다. 본래적 점유, 생산-소비, 그리고 (자유시장) 교환이라는 모든 행동은 언제나 그리고 반드시 사회적 효용을 증대시키지만, 수탈(expropriation) 행위(본래적 점유자와 생산자-소비자의 동의 없이 재화를 일방적으로 가져가는 것)는 그렇지 않다. 또한, 물리적 공격, 침해, 강도, 절도, 그리고 사기 등의 전형적인 범죄 행위들에 대해서도 마찬가지이다. 범죄자는 더 많은 양의 재화를 통제하고 따라서 더 나아진다. 그러나 피해자는 그에 상응하게 더 작은 양의 재화를 통제하고 더 나빠진다. 그러므로, 그 어떤 범죄 행위도 파레토의 제약을 만족시킬 수 없고, 따라서 사회적 효용을 증가시킨다고 말할 수 없다. 범죄 행위는 대개 불법으로 여겨지고, 다른 사람의 범죄 행위로부터 자신을 방어하는 것이 허용되는 반면, 정부는 합법으로 여겨지고, 따라서 그 누구도 정부로부터 자신을 방어하는 것이 허용되지 않는다. 효용에 대한 결론이 정확하게 정부 지배자들(government agents)에게도 적용되기 때문에, "정부의 모든 행동은 **사회적** 효용을 증가

시킬 수 없"는데도 말이다.¹³

라스바드는 후생경제학적 근거 위에서 정부 기관을 거부하는 결론을 내린다. 이는 표준적이고 논쟁의 여지가 없는 국가에 대한 정의에 기초한 것이다. 국가는:

> 다음 두 가지 특성 중 하나 또는 둘 다(실제로는 거의 모두가 둘 다) 보유하는 조직이다: (a) 그것은 물리적 강제(세금)를 사용해 수입을 얻는다. (b) 그것은 주어진 영토에 대한 무력행사와 궁극적인 의사결정권을 강제로 독점한다.¹⁴

첫 번째 특성과 관련하여, 정부 지배자들이 과세 행위로부터 이익을 얻는다는 점은 분명하다. 그렇지 않다면, 정부는 세금을 거두지 않을 것이다. 마찬가지로 분명한 점은, 세금을 내는 피지배자들(세금이 매겨진 재화의 본래적 점유자-생산자들)이 세금을 내는 것에서 이익을 얻는다고 말할 수 없다는 점이다. 그렇지 않다면, 그들은 자발적으로 같은 양의 재화를 바칠 것이기 때문에 전혀 강제할 필요가 없다.

유사하게도, 정부 지배자들이 궁극적인 의사결정권의 영토적 독점(사법

---

13 Ibid., p. 243.
14 Rothbard, *The Ethics of Liberty*, p.171.

권)을 획득함으로써 효용을 얻는다는 것은 명백하다. 가장 중요한 점은, 의사결정권을 정부가 독점함으로써 세금의 정당성 여부가 정부에게 매우 유리한 방향으로 결정된다는 것이다. 마찬가지로, 정부가 궁극적인 의사결정권을 독점하는 환경에서 살아가는 피지배자들의 처우는 더 나빠진다. 누군가 본래적 점유와 생산을 한다면, 그는 재화들을 점유하고 배타적으로 통제하기를 원하는 자신의 선호를 입증한다. 그가 재화들을 버리거나, 팔거나, 자발적으로 다른 누군가에게 양도하지 않는 한(이 경우, 다른 사람이 그 재화들에 대한 배타적인 통제권을 얻고자 하는 선호를 입증함), 그가 점유하고 통제하고자 하는 **자신의** 선호를 변화시켰다고 말할 근거는 없다. 그가 사적으로 점유하고 생산해낸 재화들을 **포기하지 않겠다는** 선호를 입증하고 있음에도, 만약 국가가 궁극적인 의사결정권(사법권)의 영토적 독점을 달성한다면, 이는 오직 수탈을 통해서만 달성 가능한 결과이다. 정부가 궁극적인 의사결정자라는 사실은, 단 한 사람도 정부의 관할권 안에서 자신이 점유하고 생산한 재화에 대한 배타적 통제권을 갖지 못한다는 점을 암시한다. 실질적으로, 국가는 '자기 관할권 안에 거주하는' 주민들이 점유하고 생산했던 모든 재화에 대한 소유권을 강탈하고, 주민들을 소작농(tenant, 세입자)으로 전락시킨다. 정부의 통제범위가 확대된다면, 자신이 점유하고 생산한 상품 그리고 그것에 부여하는 가치에 대한 모든 사유재산 소유자의 통제범위가 그에 상응하여 축소된다. 가장 중요한 점은, 소작농으로 전락한 주민 중 그 누구도 자신이 사적으로 점유하고 생산한 재화에 정부가 접근하는 것을 막을 방도가 없다는 점이다. 즉,

모든 사람은 정부의 잠재적인 간섭과 침해에 **맞설 수 있는** 물리적 방어 수단 없이 방치된다.

상기한 추론에 근거하여 라스바드가 결론짓기를, 만약 정부의 모든 조치가 수탈에 의존한다면, 그리고 그 어떤 수탈도 사회적 효용을 증가시킨다고 말할 수 없다면, 그 경우 후생경제학은 국가의 폐지를 요구해야 한다. 홉스(Thomas Hobbes)에서 뷰캐넌(James Buchanan) 등 현대의 공공선택론 경제학자들에 이르기까지, 수많은 정치철학자와 경제학자가 국가를 계약의 결과, 즉 자발적으로 형성되고 복지를 향상하는 기관으로 상정함으로써 이러한 결론을 회피하려고 시도해왔다. 그러한 노력에 대한 응답으로, 라스바드는 슘페터(Joseph Schumpeter)의 격언을 인용한 바 있다: "세금을 클럽의 회비 또는 의료 서비스의 구매비용 등으로 비유하여 해석하는 이론은 이러한 사회과학이 과학적 정신으로부터 얼마나 멀리 떨어져 있는지를 스스로 증명할 뿐이다."[15] 홉스에서 뷰캐넌까지, 국가주의자들은 '암묵적인' 또는 '개념적인' 합의, 계약, 또는 헌법이라는 지적인 미봉책에 호소하면서 강제적인 사법이 독점과 세금을 거둘 권력을 가진 '자발적' 국가라는 발상의 명백한 모순을 극복하려고 노력했다. 라스바드가 설명하기를, 이 모든 음흉하고 따분한 시도는 하나의 피할 수 없는 결론에 궁극적으로 도달하게 된다: '암묵적'이고 '개념적인' 계약은 사실 계약이 없다는 것을 돌려 말하는 것뿐이다. 그리하여, 국가에 대한 후생경

---

15 Rothbard, *The Logic of Action*, vol. 1, p. 247.

제학적 정당화는 불가능하다. 그 누구도 자기 인격과 사유재산에 대한 사법권을 영구적으로 타인에게 양도할 수가 없다(입증할 수가 없다). 그러한 입증은 오직 지금 가지고 있는 모든 소유물을 팔거나 다른 방법으로 양도한 후 자살하는 것을 통해서만 가능하다. 마찬가지로, 살아있는 그 누구도, 다른 사람이 자신의 보호자처럼 행동하면서 그 대가로 자신의 지속적인 동의 없이 공물을 영구적이고 일방적으로 상납받을 수 있도록 허용하는 계약을 체결할 수 없다(입증할 수가 없다).

특히, 라스바드는 보호 업무만을 담당하는 '제한된' 국가 개념 역시 자기모순적이고 사회적 효용의 증진과 양립할 수 없다며 경멸했다. 제한된 정부는 언제나 제한 없는 (전체주의적) 정부로 변모하려는 경향을 선천적으로 가지기 때문이다. 사법권의 독점과 세금을 거둘 권력이라는 정부의 기본원칙을 고려한다면, 정부의 권력을 개인의 생명과 재산에 대한 보호에만 제한한다는 발상은 그저 환상일 뿐이다. 보호의 독점은 정의와 보호의 가격을 상승시키는 반면에 품질을 떨어트릴 것이다. 세금으로 재원을 충당하는 보호기관은 곧 수탈하는 재산권 보호자(expropriating property protector)라는 언어적 모순에 직면할뿐더러, [제공하는 보호에 비해] 더 많은 세금과 [상납하는 세금에 비해] 더 적은 보호라는 파국을 가져올 것이다. 심지어 정부가 자신의 활동을 현존하는 재산권의 보호에 전적으로 한정한다는 가정을 받아들이더라도, **얼마나 잘** 보호를 제공할 수 있는지에 대해 대답해야 한다. (다른 모든 사람과 마찬가지로) 정부 지배자들 역시 이기심과 노동의 비효용성(disutility)에 의해 동기를 부여받는다. 그러나 그들의 한 가지 독특한 점은 세금을 거두는 권력을 가지고 있다는 것이다. 따라서 앞선 질문에 대한 대답은 이러하다: 국가는 [더 많은 세금을 거두기 위해서] 보호의 **비용을 최대화**한다(심지어 국부의 거의 모든 것이 보호비용으로 탕진되는 경우도 상상해볼 법하다). 반면에 보호의 **생산은 최소화**한다. 더 나아가, 사법권의 독점은 정의와 보호의 질적 저하를 초래할 것이다. 오직 정부에게만 정의의 집행을 호소할 수 있다면, 정의와 보호는 정부, 헌법, 그리고 대법원에 유리하게 왜곡될 것이다. 헌법은 정부의 근간이고 대법원은 정부에 소속되어있다. 그리고 정부 권력에 대한 제약을 결정하는 주체가 바로 그러한 기관의 지배자들이다. 예측해보자면, 재산을 보호한다는 것의 의미는 바뀌게 될 것이고, 사법권의 범위 역시 정부의 이익을 위해 확장될 것이다.

[국가를 받아들이는] 대신에, 라스바드는 그보다 앞선 프랑스계 벨기에인 경제학자 몰리나리(Gustave de Molinari)와 똑같은 결론, 즉 아나키즘에 도달했다. 이는 "아무리 엄격히 **가치 중립적인** 경제학자라고 할지라도, [파레토의] 만장일치 원칙 아래에서 사회적 효용을 증가시키는 어떤 변화나 과정을 권장할 자유를 가진다는 최후의 윤리적 판단"에 입각한 추론이었다.[16] 라스바드에 따르면, 방어, 보호, 그리고 사법 서비스는:

---

16 Ibid., p. 244.

(a) 강제가 아니라 자발적으로 자신의 수입을 얻는, 그리고 (b) 경찰력이나 사법적 보호의 강제 독점을 (국가와 다르게) 남용하지 않는 사람들이나 회사들에 의해서 공급되어야 한다. … 방어 회사들은 자유시장에서의 다른 모든 재화와 서비스의 공급자들처럼 자유롭게 경쟁해야 하고, 침해자가 아닌 사람들에게는 강제를 행사해서는 안 된다. 다른 모든 서비스와 마찬가지로 방어 서비스에도 시장성이 있을 것이고, 그럴 수밖에 없다.[17]

모든 사유재산 소유자는 다른 소유자 및 그들의 재산과 협력하며 노동의 분업이 가져다주는 결실을 얻을 수 있다. 스스로 방어를 하는 것보다 자신의 재산을 잘 지키는 방법을 모색할 수 있어야 한다. 즉, 누구나 보호와 사법 서비스를 사거나 팔 수 있고, 계약할 수 있고, 그러한 협력을 언제든지 일방적으로 해지하고 자기방어로 돌아갈 수 있으며, 또는 자신이 속한 보호 회사를 바꿀 수 있는 그런 체제가 필요하다.

---

17 Rothbard, *Power and Market*, p. 2.

4

독점과 경쟁의 이론

라스바드의 또 다른 중대한 기여는 독점과 경쟁의 이론이다. 여기서도 라스바드는 세(Jean-Baptiste Say)를 비롯한 (몰리나리 역시 포함된) 프랑스의 급진적 자유방임주의(Laissez-faire) 경제학 전통에서 영감을 받았다. 경쟁과 독점을 긍정하는 라스바드의 학설은 이해하기 쉽고 단순하다(제대로 된 이론이라면 당연히 그래야 한다). 경쟁은 본래적 점유, 생산-소비, 그리고 자발적 교환과 계약이라는 파레토 우위 행동으로 만들어진 규칙의 틀을 준수하는 행위로 정의된다. **기업가적** 행위라는 더 특수한 사례에 적용한다면, 경쟁은 구속받지 않는 '자유로운 진입'(entry)의 존재를 의미한다. 모든 개인은 자신에게 적합하다고 생각하는 어떤 방식으로든 자기 재산을 사용할 수 있고, 이익이 된다고 판단한 생산 계열(line)에 진입할 수 있다. 라스바드가 결론짓기를, 이러한 자유로운 진입이 충족되는 한, 모든 상품 가격과 생산 비용은 최저 가격 그리고 최저 비용으로 향하는 경향이 있다. 이와 정반대로, 독점과 독점적 경쟁은 자유로운 진입의 부재, 즉 배타적 특권의 존재로 정의된다. 따라서, 사법과 보호에 대한 강제적인 영토적 독점으로 정의되는 국가는 독점의 모범(prototype, 원흉)이다. 국가 지배자를 제외한 모든 개인은 자기방어와 정의 생산에 자신의 재산을 사용하는 것이 금지되어있고, 따라서 국가와의 경쟁도 금지이다. 다른 모든 독점의 궁극적 기원 역시 사법(입법과 규제)에 대한 국가의 독점에서 찾을 수 있다. 다른 모든 독점은 "어떤 개인이나 집단에 특정한 생산 영역을 보장해주는 국가에 의한 특권의 부여"이다.[18] 특권을 받은 이들을 제외한 실질적인 또는 잠재적인 생산자들에게는 그 영역으로의 진입이 법적으로 제한되고, 국가의 경찰력이 이 제한을 강제한다. 라스바드에 따르면, 자유로운 진입이 제한되거나 없다면, 정의와 보호를 비롯한 모든 재화와 서비스의 상품 가격과 생산 비용은 그렇지 않을 때보다 더 높아질 것이다. 즉, 너무 비싸진다. (따라서, 라스바드는 정부의 반독점 또는 반독과점 정책이 일종의 **형용모순**이라고 말한다. 경쟁은 사법권에 대한 국가의 영토적 독점 자체를 폐지하는 것을 요구한다.)

더 나아가, 라스바드는 독점과 경쟁에 대한 다른 대안적 이론들은 헛소리이고, 작동하지 않고, 아니면 틀렸다고 반박하였다. 예컨대, 가격에 대한 통제권을 가지고 있는 사람(가격탐색자(price-searcher))을 독점자라고 정의하는 것은 헛소리이다. 모든 사업가는 자기 가격을 완벽하게 통제할 수 있기 때문이다(다만 자기가 원하는 가격에 소비자가 구매하는 양을 전혀 통제하지 못할 뿐이다). 그러므로 이 정의에 따르면, 모든 사람이 독점자다. 마찬가지로, 독점자를 '어떤 주어진 재화의 유일한 판매자'로 정의하는 것도 헛소리이다. 객관적 의미에서 본다면, 모든 상품에 대한 모든 판매자는 항

---

18 Rothbard, *Man, Economy, and State*, p. 591.

상 그 자신의 고유한 상품(상표(brand))의 유일한 판매자이기 때문이다. 따라서 모든 사람은 자신의 상품에 대해 100%의 시장점유율을 가진 독점자이다. 그리하여 각 기업가의 상품이 얼마나 고유하거나 특징적인지 아닌지는, 기업가들이 소비자의 지출을 두고 언제나 다른 모든 기업가와 경쟁한다는 점에 대해서 전혀 영향을 끼치지 못한다. 반면에, 주관적인 의미에서 본다면, 판매자가 무엇을 팔든 간에 독점자로 명확하게 분류되는 것은 불가능하다. 구체적으로, '주어진 재화'라는 용어는 '소비자들에 의해서 재화라고 정의된 것'을 의미한다. 따라서 무언가를 파는 판매자가 그것의 유일한 판매자인지 아닌지 아닌지를 결정하는 것, 또는 그 재화의 시장점유율이 얼마나 큰지를 결정하는 것은, 그 재화가 무엇인지에 대한 **소비자들의** 생각, 즉 특정한 **물리적 대상들**을 **동류의 (homogeneous) 재화들**의 여러 집합 속에 분류시키는 방법에 달려있다. 그러한 분류는 끊임없이 변화할 뿐만 아니라, 같은 물리적 대상이라 할지라도 다른 소비자들은 그것들을 서로 다른 재화로 분류할 수도 있다. 그리하여 독점자를 '어떤 주어진 재화의 유일한 판매자'라고 정의하는 것은 [주어진 재화라는 것이 소비자의 주관적 판단 때문에 정해지는 것이므로] 실천적으로 쓸모없고, 작동하지 않는다. 상품의 시장점유율을 측정함으로써 독점자를 정의하려는 시도 역시 크게 다를 바가 없다.

결국, 독점가격에 대한 미제스의 이론도 옹호 받을 수 없다. 미제스가 주장하기를:

독점은 독점가격 출현의 전제조건이지만, 유일한 전제조건은 아니다. 독점가격이 출현하기 위해서는 일정한 수요곡선의 형성이라는 추가조건 역시 필요하다. 이런 점에서 단순히 독점만 존재한다는 것은 아무런 의미가 없다. … 독점자가 독점 상품을 판매하는 가격이 모두 독점가격인 것은 아니다. 독점가격은 독점자가 경쟁 시장이 허용하는 한도까지 판매를 확대하는 것보다, 오히려 판매의 총량을 제한하는 것이 더 유리해지는 가격이다.[19]

라스바드는 미제스의 주장이 틀렸다고 설명한다. 무엇보다도, [생산의] 감축과 팽창은 상호보완적 측면이 있다는 점에 주목해야 한다. 독점자가 생산 계열 A에 투입하지 않고 방출한 생산요소들은 그저 사라지는 것이 아니다. 그것들은 다른 교환재 B의 생산을 위해 투입되거나, 소유자가 여가를 즐기기 위한 소비재의 생산을 확장하는 데 쓰이는 등의 다른 용도로 전환된다. 즉, [미제스가 말하는 의미의] 독점가격이 존재한다고 하더라도, 이것이 후생과 사회적 효용에 부정적 영향을 주지 않는다는 것이다. 판매하지 않기로 하는 독점자의 행동은, 그가 자기 재화를 파는 것보다 가지고 있는 것이 자신에게 더 낫다는 믿음에 기초한다. (다른 사람들은 여전히 이전과 똑같은 양의 재화를 통제하고 있으므로) 그의 행동 때문에 사정이 나빠진 사람은 아무도 없다. 결과적으로, 미제스가 말하는 독점가격 그리

---

[19] Mises, *Human Action*, p. 359.

고 독점자가 직면한 수요곡선의 형태는, 다른 판매 가격 그리고 다른 판매자가 직면한 수요곡선의 형태와 기능적으로 또는 개념적으로 구별될 수 없다.

라스바드가 설명하듯이, 생산이 최종 상품의 판매에 **선행**한다. 그리고 생산 비용은 소비자들이 그 상품에 대한 자신의 선호를 입증하기 **이전에** 투입되어야 한다. 그러므로, 독점가격을 한계비용 이상의(또는 한계비용보다 더 높은 한계수익의) 가격으로 정의하는 것은 헛소리이다. 비용곡선과 수요와 수익 곡선은 동시에 존재하는 것이 아니기 때문이다.

비용곡선과 동시에 존재하는 유일한 곡선은 기업가가 추정한 **미래의** 수요와 수익 곡선이다. 그러나, 생산할 재화의 양을 결정하는 데 있어서, **다른 조건이 같다면**(ceteris paribus), 모든 생산자는 항상 그의 기대 화폐 소득을 극대화하기 위한 생산량을 정할 것이다. 즉, 생산량을 결정하기 위한 화폐적 계산에서, 기대가격과 한계수익은 결코 한계비용과 **같지 않다**. 가격이 비용을 **초과한다는** 기대가 없다면, 아무것도 생산하지 않을 것이다. 그리고 한계수익이 한계비용보다 **더 비싸다**는 기대가 없다면, 아무도 생산량을 늘리지 않을 것이다. 따라서, 모든 기업가는 미래에 탄력적인 그리고 비탄력적인 하향 수요곡선을 만난다는 것을 염두에 두고 계산을 한다. 마찬가지로, 생산자가 모든 비용의 투입을 완료한 이후, 이미 생산이 끝난 재고에 대한 수요만이 유일하게 고려되고 있는 판매 시점에서, 모든 기업가는 하향 수요곡선을 염두에 둘 것이다. 요컨대, 모든 기업가는 이 것보다 더 높은 가격을 책정할 경우 탄력적 수요에 직면하여 판매수익이 [오히려 가격을 더 낮게 책정했을 때보다도] 더 낮아지는 것을 방지하는 수준으로 가격을 정할 것이다.

만일 실제로 책정한 판매 가격이 애초의 추정과 일치한다면, 그리하여 시장이 이 가격에서 청산된다면, 기업가의 예측은 적중한 것이다. 다른 한편으로, 실제 수요가 애초의 추정과 다를 수 있고, 기업가의 예측에 어떤 실수가 있었음이 드러날 수도 있다. 판매 시점에, 기업가는 자신이 실수로 '너무 적게' 또는 '너무 많이' 생산했다는 결론에 도달할 수도 있다. 너무 적게 생산한 경우, 기대했던 것보다 실제 수요(가격과 수익)가 더 높은 것이고, 만약 더 생산했다면 훨씬 큰 이익을 볼 수 있었다. 기업가는 어느 정도 이상으로 생산을 하면 수요가 비탄력적이라고(따라서 그 이상으로 생산하면 총 수익은 오히려 더 낮아질 것이라고) 추정하였지만, 막상 판매가 이루어지고 그 지점을 넘어섰는데도 여전히 수요가 탄력적이라는 점이 드러났다. 너무 많게 생산한 경우, 기대했던 것보다 실제 수요(가격과 수익)가 더 낮은 것이고, 만약 생산을 감축했다면 손실을 피했을 수도 있었다. 기업가는 어느 정도 이상으로 생산을 해도 수요가 탄력적이라고, 그래서 더 많은 양을 생산하면 더 높은 이익을 얻으리라고 추정했지만, 막상 판매를 해보니 수요가 비탄력적으로 밝혀진 것이다.

애초의 추정이 적중하건 그렇지 않건 간에, 모든 기업가는 반드시 새로운 산출 결정을 내려야만 한다. 그들이 자신의 과거 경험(현재의 수요)을 미래 경험(수요)의 지표로 삼는다고 가정한다면, 세 가지 결정이 가능하다. 애초의 추정이 적중했던 기업가들은 이전과 똑같은 양을 생산할 것이다. '너무 적게' 생산했던 기업가들은 이제 더 많이 생산할 것이다. 그리고 '너무 많이' 생산했던 기업가들은 현재의 판매와 미래의 생산을 줄일 것이다. 이 지점에서 라스바드가 묻기를, 이전의 과잉생산에 대한 기업가의 반응을 미제스가 말한 소위 '독점가격' 상황과 구별할 방도가 있는가? 그는 사실상 불가능하다고 설명한다:

> 이런 생산감축으로부터 얻는 더 높은 가격이 반드시 '독점가격'인가? 왜 이것이 **경쟁 가격 이하의** 가격으로부터 경쟁 가격으로의 복귀라고 당당하게 말할 수 없는가? 현실 세계에서 수요곡선은 단순히 생산자에게 '주어져 있지' 않으며, 추정되고 발견되어야 한다. 만약 어떤 생산자가 한 기간에 너무 많이 생산하였고, 더 많은 수득을 벌기 위해 다음 기간에 더 적게 생산한다면, **이것은 그 행동에 대해 말할 수 있는 모든 것이다.** … 그래서 우리는 '생산의 제한'을 독점가격 대 경쟁 가격의 테스트로 사용할 수 없다. 경쟁 가격 이하로부터 경쟁 가격으로의 이동도 역시 이 재화의 '생산 제한'을 포함하고 있다. 물론 이 생산의 제한은 이 재화의 생산으로부터 빠져나온 요소들

에 의한 여타 재화들의 생산 팽창을 가져온다. **그와 같은 '제한'과 이에 동반되는** (여타 재화 생산의) **팽창을 '독점가격' 상황으로부터 구별할 방법은 전혀 없다.** … 그러나 만약 어떤 개념이 현실에서 가능한 근거를 전혀 가지고 있지 않으면 이는 공허하고 환상적이고, 의미 있는 개념이 아니다. 자유시장에서는 '독점가격'을 '경쟁 가격' 또는 '경쟁 이하 가격'으로부터 구별할 방법, 또는 어떤 변화가 하나의 가격에서 다른 가격으로의 이동인지 확인할 방법이 존재하지 않는다. 그와 같이 구분할 기준을 발견할 수 없다. 그러므로 경쟁 가격과 구별되는 독점가격의 개념은 지지가 될 수 없다. 우리는 단지 **자유시장가격**을 말할 수 있을 뿐이다.[20]

상기한 주요한 혁신들 외에도 라스바드의 새로운 이론적 통찰은 수없이 많다. 여기서는 그중 두 가지 사례를 들어보고자 한다. 하나는 사회주의하에서의 경제계산(비용회계)의 불가능성에 대한 미제스의 잘 알려진 논증을, 더 일반적으로 확장하면서 심지어 자유시장에서도 하나의 거대 카르텔이 불가능하다는 것을 입증하는 데 활용한 것이다[21]:

자유시장은 기업의 규모에 확실한 제약을, 즉 시장에서 **계산**

---

20 Rothbard, *Man, Economy, and State*, pp. 607, 614; 강조는 원본의 것임.
21 Ibid., pp. 544–550.

가능성이라는 한계를 부여한다. 각 부서의 이윤과 손실을 계산하기 위해, 한 기업은 각 내부활동을 다양한 요소들 각자와 중간재들에 대한 **외부시장들**을 참조할 수 있어야 한다. 이 외부시장들 가운데 **그 어느 하나가**, 모든 것이 한 기업의 영역 **내부로** 흡수되어 사라질 때 계산 가능성이 사라지며, 이에 따라 그 기업이 특정 분야에 요소들을 합리적으로 배분할 방법이 없어진다. 이 한계들이 더 많이 잠식될 때마다 불합리성의 영역은 점점 더 커질 것이며, 점점 더 손실을 피하기 어려워질 것이다. 하나의 거대 카르텔은 생산재를 전혀 합리적으로 배분할 수 없고, 따라서 심각한 손실을 피할 수 없을 것이다. 결과적으로, 그런 유일한 거대 카르텔은 결코 실제로 설립될 수 없을 것이며, 설사 설립을 시도하더라도 빠르게 여러 개로 분할될 것이다.[22]

다른 하나 역시 미제스로부터 영감을 받은 것으로, 화폐 이론에 대한 기여이다. 멩거의 저자으로부터 자극을 받았던 미제스는 교환수단으로서의 화폐가 (금과 같은) 상품화폐로서 생겨난 것이 틀림없다고 논증한 바 있다. 화폐 기원에 대한 미제스의 설명, 즉 그 유명한 회귀 정리(regression theorem)를 보완하면서, 라스바드는 소위 전방 회귀 정리(progression theorem)를 제안하였다. 이는 정부에 의한 화폐의 파괴 또는 퇴

---

22   Ibid., p. 585.

화를 설명한다. 그의 책《정부는 우리 화폐에 무슨 일을 해왔는가?》(*What Has Government Done to Our Money?*)[23]에서, 라스바드는 엄청나게 간결한 방식으로 화폐 위조의 완전한 자율권(정부의 궁극적인 목표)을 얻기 위한 정부 조치들의 인간행동학적으로 필연적인 연쇄를 입증한 바 있다. 금을 비롯한 시장에서 공급되는 상품화폐로부터 시작해야만 하므로, 정부는 먼저 화폐 주조를 독점할 것이다. 그다음에, 정부는 (화폐에 대한 상환준비은행권, 즉 소유증서인) 화폐 대용물[지폐]의 발행을 독점할 것이다. 이어서, 정부는 부분 지급준비은행에 관여할 것이고, 실제 화폐 이상으로 화폐 대용물을 발행할 것이다. 그리고 최종적으로, 부분 지급준비은행에 의한 피할 수 없는 은행 위기(뱅크런)가 발생하면, 정부는 해당 은행권의 태환을 정지시키고, 지폐(소유증서)와 화폐(금)의 연계를 끊을 것이며, 모든 민간화폐를 몰수한 후 순수한 명목화폐(fiat money)를 도입할 것이다.

---

[23] Murray N. Rothbard, *What Has Government Done to Our Money?* (Auburn, Ala.: Ludwig von Mises Institute, 1990).

5

윤리학

라스바드는 혁신은 경제학 이론의 밖에서도 이루어졌는데, 심지어 그러한 혁신들을 오스트리아학파 경제학의 장엄하고, 포괄적이고, 통일된 체계 속으로 통합시키기도 했다. 비록 라스바드의 직업은 경제학자였지만, 그의 저작은 정치철학(윤리학)과 역사학 역시 다루고 있다. [역자 문단 바꿈]

합리적 윤리의 가능성을 부정했던 효용주의자(utilitarian) 미제스와 달리, 라스바드는 자유시장을 진정으로 빈틈없이 옹호하기 위해서는 가치 중립적인 경제학을 보완할 윤리체계가 필요하다는 점을 인지했다. 자연권 이론, 특히 로크(John Locke)의 저작과 순수하게 미국적인 아나키즘 사상의 전통, 특히 스푸너(Lysander Spooner)와 터커(Benjamin Tucker)의 저작에 근거하여, 라스바드는 자기 소유권의 원칙 그리고 정주(homesteading)를 통한 소유되지 않은 천연자원의 본래적 점유에 근거하여 윤리체계를 개발하였다. 그는 이러한 윤리체계를 제외한 모든 윤리적 제안이, 전체 인류를 인간으로서 대우하며 보편적으로 적용 가능한 윤리체계가 아니거나, 그것을 따르는 것은 문자 그대로 죽음을 의미하는 것임으로, 생존한 지지자가 없다는 점에서 수행모순(performative contradiction)에 직면하게 됨에 따라 실행 가능성이 없음을 입증하였다. 전자의 예시는 이러하다. B가 점유하는 자원에 대한 소유권을 A에게 준다. 그러나 B에게는 A에 대하여 같은 소유권을 주지 않는다. 후자의 예시는 이러하다. 모든 사람이 모든 것에 대한 보편적인 공동 소유권을 가진다. 그리하여 그 누구도 다른 모든 사람의 동의를 얻지 않는 한 어떤 것을 가지고 무언가를 할 수가 없다. 그러나, 만약 인간이 자기 신체에 대한 배타적인(사적인) 소유자가 아니라면, 애당초 그러한 동의를 어떻게 얻을 수가 있겠는가? 그의 두 번째 대작인 《자유의 윤리》에서, 라스바드는 이러한 제1의 공리적(axiomatic) 원칙들로부터, 리버테리언 법의 전체를, 계약법에서부터 처벌법까지 추론해냈다. 그리고 그의 《새로운 자유를 향하여》(For A New Liberty)[24]에서, 그는 오늘날의 세계를 진단하는 데 이 윤리체계를 적용하였고, 자유롭고 번영하는 사회를 이룩하기 위한 정치개혁과 경제학적 분석을 제시하였다.

---

24   Murray N. Rothbard, *For A New Liberty* (New York: Macmillan, 1973).

6

역사학

라스바드는 분명 이론가였지만, 동시에 훌륭한 역사학자이기도 했다. 그의 저작은 어떠한 경험주의자나 역사주의자와의 비교 자체를 불허할 정도로 실증적 정보를 풍부하게 담고 있다. 사실, 뛰어난 '수정주의' 역사학자 중 한 명이었던 라스바드의 실증적 학식은 대부분의 정통 역사학자들보다도 우월한데, 그럴 수 있었던 이유는 그가 경제학과 정치철학(윤리학)을 순수한 선험이론으로 인식했던 점, 그리고 이론적 추론이 모든 역사적 탐구보다 논리적으로 선행하고 제약한다고 인식했던 점에 있다. [역자 문단 바꿈]

경제사에서 특히 주목할 만한 라스바드의 저작은 《미국의 대공황》(America's Great Depression)이다.[25] 이 책은 미제스와 하이에크(F.A. Hayek)의 경기변동이론을 1929년의 주식시장 붕괴와 뒤이은 경제 불황에 적용하여 해명한 것이다. 정치사에서는 북미 식민지 시대에 대한 4권 분량의 《자

---

[25] Murray N. Rothbard, *America's Great Depression* (New York: Richardson and Snyder, 1983).

유에서 잉태한》(Conceived in Liberty)이 있다.²⁶ 비록 미완이기는 하지만, 지성사에서는 경제·사회·정치사상사를 다룬 기념비적인 유작인《애덤 스미스 이전의 경제사상》(Economic Thought Before Adam Smith) 그리고《고전파 경제학》(Classical Economics)이 있다.²⁷ 여러 책과 논문을 무수히 많이 집필하면서, 라스바드는 미국사의 거의 모든 사건(1819년의 공황, 잭슨 대통령 시기, 남부 독립전쟁, 진보의 시대, 제1차 세계대전과 윌슨주의, 후버 행정부, 루스벨트 행정부와 제2차 세계대전, 레이거노믹스, 클린턴주의)에 대한 경제학적·사회학적·정치학적 분석을 통합하여 제시하였다. 그는 역사의 아주 사소한 부분에 이르기까지 꼼꼼히 살펴보는 안목으로 널리 퍼져있는 [잘못된] 지혜와 역사적 정통성에 도전하였고, 역사의 과정을 악에 대항하는 선의 영원한 투쟁으로, 즉, 역사가 진실과 거짓 사이의 투쟁이고, 자유의 힘과 (다른 사람들을 착취하고 희생시켜 부를 추구하면서 거짓말과 사기로 범죄 행각을 은폐하는) 권력 엘리트들 사이의 투쟁이라는 전망을 독자들에게 제시하였다.

---

26 Murray N. Rothbard, *Conceived in Liberty*, 4 vols. (New Rochelle, N.Y.: Arlington House, 1975).

27 Murray N. Rothbard, *An Austrian Perspective on the History of Economic Thought*, 2 vols. (Cheltenham, U.K.: Edward Elgar, 1995).

7

삶과 발자취

라스바드는 이토록 놀라운 학술적 업적을 일구어냈지만, 마치 학계에서의 미제스의 대우처럼, 라스바드의 학술적 경력도 통례적인 기준에서는 초라하기 짝이 없었다. 20세기는 사회주의와 간섭주의의 시대였다. 학교와 대학교는 정부가 재정을 지원하고 통제하는 기관에 불과했다. 그리하여 가장 훌륭한 자리는 사회주의자나 간섭주의자에게 돌아갔다. 반면에, **자유방임** 자본주의를 '비타협적이고', '교조적이고', 또는 '극단적으로' 옹호하는 사람들은 배제되고 학계 주변부로 밀려났다. 라스바드는 이러한 현실을 냉정하게 직시했고, 학자로서의 자신의 운명에 대해서도 불평하거나 씁쓸해하지도 않았다. 그의 영향력은 제도권의 힘에 기생하지 않았고, 오직 그의 사상과 냉철한 논리가 가진 힘에만 의존하여 성장한 것이다.

라스바드는 이민자 부모의 외동아들로 뉴욕시에서 태어나고 자랐다. 그의 아버지는 폴란드 출신의 화학자였고, 어머니는 러시아 출신이었다. 라스바드는 장학금을 받아 사립학교에 들어갈 수 있었고, 컬럼비아 대학교에서 경제학을 연구했으며, 그곳에서 경제사학자 도프만(Joseph Dorfman)의 지도를 받아 집필한 논문으로 1956년에 박사학위를 받았다. 1949년부터 10년 이상 동안, 라스바드는 미제스의 뉴욕대학교 세미나에 참가하였다. 여러 재단(가장 유명한 곳은 볼커 기금이었음)을 위해 몇 년간 근무한 뒤, 그는 이공계 직업학교인 브루클린 폴리테크닉(Brooklyn Polytechnic Institute)에서 교편을 잡아 1966년에서 1986년까지 가르쳤다. 그리고 1986년부터 사망할 때까지, 그는 네바다대학교 라스베이거스 캠퍼스(UNLV)에서 석좌교수(Distinguished Professor)로 일했다. 라스바드가 브루클린 폴리테크닉에 재직할 당시 그는 둘뿐인 경제학 교수 중 한 명이었는데, 그가 속한 사회과학부는 [이공계 학생들에게 교양과목을 가르치는] 부수적인 업무만 담당했다. UNLV의 경제학부는 경영대학 소속인데, 박사학위과정을 운영하지 않았다. 따라서 라스바드는 그의 학술 경력 내내 단 한 명의 박사과정 학생도 지도할 수가 없었다.

라스바드가 학계 주변부에 자리 잡고 있었음에도, 그가 학생과 신봉자들에게 지적인 영향력을 행사하거나 끌어들이는 것을 막지는 못했다. 라스바드는 엄청나게 많은 출판물을 내놓는 동시에, 멘켄(H. L. Mencken)을 모범으로 삼아 타의 추종을 불허할 정도로 명료하게 글을 썼다. 그리하여 그는 현대 리버테리언 운동의 창조자가 되었고, 가장 중요한 대표자로 자리 잡았다. 현대 리버테리언 운동은 지난 30여 년 동안 오직 한 줌의 지지자들로부터 시작하여 진정한 대중운동으로 성장해왔다(같은 이름을 리버테리언 당(Libertarian Party)은 물론, 그 외에도 미국 연방하원의회와 주의회에 이를 정도로 광범위하고 복잡한 단체와 협회들의 연결망을 형성할 정도이다). 이러한 사회운동의 발전과정에서, 라스바드와 그의 이론적 지위는 많은 도전과 반박을 마주하기도 했다. 그는 여러 기관과 단체들과의 제휴, 연합, 파국, 그리고 재편성 등의 우여곡절을 겪었다. 그렇지만, 블루머트(Burton S. Blumert)가 이끄는 리버테리언 연구센터(Center for Libertarian Studies) 그리고 락웰(Llewellyn H. Rockwell, Jr.)이 이끄는 미제스 연구소(Ludwig von Mises Institute)와 협력하면서, 그들의 학술적 중심인 1977년에 창간된 《리버테리언 연구저널》(The Journal of Libertarian Studies)과 1987년에 창간된 《오스트리아학파 경제학 비평》(The Review of Austrian Economics)[28]을 창간하고 편집자로 활약함에 따라, 라스바드는 의심의 여지 없이 서거 이후에도 리버테리언 사회운동 전체에서 가장 중요하고 대단히 존경받는 지적인 권위자로 남게 되었다. 그리고 오늘날까지도, 그의 합리주의적이고, 공리적이고, 연역적인 오스트로-리버테리어니즘(rationalist-axiomatic-deductive-Austro-libertarianism)은, 리버테리어니즘 내의 모든 사람과 모든 것을 정의하는 지적인 표준으로 자리 잡고 있을 뿐만 아니라, 점차 미국 정치의 모든 사람과 모든 것이 받아들여야 하는 것으로 부상하고 있다.

---

28 1998년에 라스바드가 창간했던 이 잡지는 나중에 《오스트리아학파 경제학 분기별 저널》(Quarterly Journal of Austrian Economics)로 이름을 바꾸었다.

읽을거리들

Block, Walter, and Llewellyn H. Rockwell, Jr. eds. 1988. *Man, Economy, and Liberty: Essays in Honor of Murray N. Rothbard*. Auburn, Ala.: Ludwig von Mises Institute.

Rothbard, Murray N. [1982] 1998. *The Ethics of Liberty*. New York: New York University Press.

--. 1997. *The Logic of Action*. 2 vols. Cheltenham, U.K.: Edward Elgar.

--. 1995. *Economics Before Adam Smith*. Vol. 1 *An Austrian Perspective on the History of Economic Thought*. Cheltenham, U.K.: Edward Elgar.

--. 1995. *Classical Economics*. Vol. 2. *An Austrian Perspective on the History of Economic Thought*. Cheltenham, U.K.: Edward Elgar.

--. 1995. *Making Economic Sense*. Auburn, Ala.: Ludwig von Mises Institute.

--. 1990 [1963]. *What Has Government Done to Our Money?* Auburn, Ala.: Ludwig von Mises Institute.

--. 1983. *America's Great Depression.* New York: Richardson and Snyder.

--. 1973. *For a New Liberty.* New York: Macmillan.

--. 1975. *Conceived in Liberty.* 4 vols. New Rochelle, N.Y.: Arlington House.

--. 1970. *Power and Market.* Menlo Park, Calif.: Institute for Humane Studies.

--. 1962. *Man, Economy, and State: A Treatise on Economics.* Princeton, N.J.: D. Van Nostrand; reprinted in 1993 by the Ludwig von Mises Institute, Auburn, Ala.

부록:
아나코캐피탈리즘 학습 가이드라인

김경훈(서울대학교 과학학과 대학원생)

《국가의 해부》(Anatomy of the State)는 라스바드의 1974년 저작인 《자연에 대한 반란으로서의 평등주의》(Egalitarianism as a Revolt Against Nature and Other Essays)의 일부로 처음 공개된 글을 미국 미제스 연구소에서 발췌 후 책으로 편집해 출판한 것이다. 이 책은 라스바드가 정립한 현대 리버테리어니즘의 정수인 아나코-캐피탈리즘의 국가론을 간결하게 설명한다. 라스바드에 따르면 국가는 약탈적 실체로서, 아무것도 생산하지 않고 오히려 생산적인 사람들로부터 자원을 훔칠 뿐이다. 《국가의 해부》는 지금까지 쓰인 모든 글 중에서 아나코-캐피탈리스트의 사상을 가장 잘 보여주는 고전이다.

한국 미제스 연구소는 이 책을 출판하면서 라스바드의 다른 에세이들을 부록으로 첨부해 단순히 아나코-캐피탈리스트의 국가관을 보여주는 것을 넘어서 아나코-캐피탈리즘의 심오한 체계 전반을 자들에게 소개하고자 하였다. 여기에 더해, 아나코-캐피탈리즘의 가장 중요한 실천전략인 급진적 탈중앙화가 무엇인지 간단하게 보여주는 미국 미제스 연구소의 편집장인 맥메이큰(Ryan McMaken)의 칼럼, 그리고 라스바드의 가장 훌륭한 제자인 호페(Hans-Hermann Hoppe)가 쓴 라스바드 소개 역시 첨부하여, 라스바드가 누구인지, 그의 경제사상과 정치사상이 무엇인지에 대한 더 폭넓은 정보를 제공하면서, 《국가의 해부》의 주장을 정당화하는 근거인 오스트리아학파 경제학에 대한 기초적 지식 역시 전달하고자 하였다.

그러나 아나코-캐피탈리즘의 과학적이고 폭넓은 내용에 대해 이 짧은 책과 부록을 통해 모두 소개하는 것은 어려운 일이다. 이 책은 일종의 입문서로서, 아나코-캐피탈리스트들이 국가를 어떻게 바라보는지, 그리고 국가 없는 사회가 어떻게 작동할 것인지에 대한 암시는 제공할 수 있지만, 더 나아가 아나코-캐피탈리즘이 다른 정치철학 또는 사상보다 합리적인 이유, 그리고 그것이 직면하는 중대한 비판에 대한 반론 등에 대해서까지 구체적으로 알려주지는 않는다. 그리고 한국에서 아나코-캐피탈리즘의 정론을 공부하는 것은 무척이나 접근성이 낮은 일이기 때문에, 한국 미제스 연구소는 《국가의 해부》를 읽은 독자들이 아나코-캐피탈리즘을 더 공부하기를 원한다면 추천할 만한 책들을 책 말미에 소개하기로 하였다.

후술할 자료 중 상당수는 한국 미제스 연구소(miseskorea.org) 혹은 미국 미제스 연구소(mises.org)에서 무료로 전자책을 읽을 수 있다. 특히 무료 이용 가능한 선사책이 없는 한국어핀도 영어 원서는 미국 미제스 연구소 홈페이지에서 무료로 제공하고 있으니 참고하길 바란다. 인터넷 무료 열람이 불가능할 경우 학술자료 공유 웹사이트인 Library Genesis 또는 Z-library에서 어렵지 않게 찾아볼 수 있을 것이다.

1

오스트리아학파 경제학의 개론

　아나코-캐피탈리즘은 경기변동이론과 함께 현대 오스트리아학파 경제학의 가장 중요한 성과라고 볼 수 있다. 아나코-캐피탈리즘이 여타 아나키즘보다 훌륭한 이유는, 다른 유형의 아나키즘과 달리 아나코-캐피탈리즘은 철두철미하게 오스트리아학파 경제학이라는 과학적 접근(유일하게 과학적으로 정당화될 수 있는 경제학)에서 절대 벗어나지 않는다는 점에 있다. 그리하여 아나코-캐피탈리즘을 이해하기 위해서는 신고전학파 혹은 마르크스주의 등 다른 경제사상이 형성한 잘못된 편견에서 벗어나 오스트리아학파의 패러다임을 이해할 필요가 있다. 만약 그러한 이해가 없다면, 아나코-캐피탈리즘은 (신고전학파의 편견에서 볼 때) 시장 실패를 해소하기 위해 필요한 정부 간섭을 부정하는 비과학적 체계이고, (마르크스주의의 편견에서 볼 때) 국가의 권위를 부정한다면서 시장의 탐욕, 착취, 그리고 권위를 옹호하는 모순적 체계에 불과하다고 느껴질 것이다.

　한국어로 접근 가능한 책 중에서 오스트리아학파 경제학의 개괄을 가장 잘 보여주는 책은 《국가의 해부》의 저자인 라스바드의 또 다른 저작 《루트비히 폰 미제스: 삶과 업적의 핵심 정리》(Essential von Mises)이다. 이 책은 현대 오스트리아학파 경제학의 창시자 미제스에 대한 전기이다. 미제스가 오스트리아학파의 전체 뼈대를 세우고 과학으로서의 경제학을 재창조했다는 점을 고려하면, 오스트리아학파를 이해하는 가장 빠른 길은 미제스를 이해하는 것이다. 이 책은 한국 미제스 연구소 홈페이지에서 무료로 전자책을 읽거나 시중에서 종이책을 구할 수 있다.

하지만 오스트리아학파 경제학의 '입문 난이도의 교과서' 중 최고는 아모스(Saifedean Ammous)의 《Principles of Economics》라고 볼 수 있다. 한국 미제스 연구소는 이 책의 번역·출판을 기획했으나 아모스로부터 이미 한국의 다른 출판사가 판권을 가져갔다는 연락을 받았다. 2025년 중순 기준으로 아직 출판되지는 않은 상황이지만 이 책의 한국어판이 출판된다면 오스트리아학파 경제학의 입문 공백이 해소될 것으로 예상된다.

바일런드(Per L. Bylund)의 《경제에 관해 생각하는 방법 입문》(How to Think about the Economy: A Primer)은 미국 미제스 연구소가 오스트리아학파 입문서로 적극 홍보하는 도서로 분량은 적지만 대단히 알찬 내용을 담고 있다. 한국어판도 존재하므로 초보자가 읽기에 추천할 만하다.

이어서 좀 더 높은 난이도의 교과서로는 미피(Robert P. Murphy)가 쓴 《Choice: Cooperation, Enterprise, and Human Action》가 있다. 미제스의 명저 《인간행동》을 해설하는 이 책은 《인간행동》의 순서를 그대로 따른다. 본격적으로 오스트리아학파 경제학의 정수를 느껴보고 싶지만 부담감이 있다면 이 책을 가이드라인으로 삼는 것을 적극 추천한다. 한국어판은 없지만 이 책의 구판이라고 할 수 있는 《Study Guide to

Human Action》의 번역본이 디시인사이드 자유지상주의 마이너 갤러리에 올라와있다.

  엄밀한 오스트리아학파 도서는 아니지만, 바스티아(Claude-Frédéric Bastiat)의 《법》(*The Law*), 해즐릿(Henry Hazlitt)의 《보이는 경제학 안 보이는 경제학》(*Economics in One Lesson*) 역시 건전한 경제적 분석을 이해하는 데 매우 유익하다.

2

경기변동이론과 화폐이론

오스트리아학파 경제학의 전반을 다루는 개론서는 아니지만 오스트리아학파의 위대한 업적인 경기변동이론과 화폐이론에 집중하는 입문서는 따로 언급할 필요가 있다. 최고의 책은 이 책의 저자인 라스바드가 대중에게 오스트리아학파의 화폐·금융 제도를 설명하기 위해 쓴 《정부는 우리 화폐에 무슨 일을 해왔는가》(What Has Government Done to Our Money?)라고 말할 수 있다. 라스바드는 정부의 간섭이 없는 자유시장에서의 화폐와 금융의 역할과 발달을 보여주고, 나아가 정부가 화폐와 금융시장을 간섭하면 어떤 일이 일어나는지를 하나씩 구체적으로 설명하며, 우리가 모르는 화폐의 진실에 한 걸음 더 다가가게 해준다.

좀 더 교과서적인 구성을 가진 책은 미피의 《Understanding Money Mechanics》이다. 한국어판은 없지만 미국 미제스 연구소 홈페이지에서 무료로 읽을 수 있다. 같은 저자의 《대공황과 뉴딜정책 바로 알기》(The Politically Incorrect Guide to the Great Depression and the New Deal)은 미국의 대공황이 사실 정부실패임을 보여준다. 한국어판을 시중에서 구매할 수 있다.

자유의 수호자 론 폴(Ron Paul)의 대표작 《우리는 왜 매번 경제위기를 겪어야 하는가》(End the Fed) 역시 빼놓을 수 없다. 이 책은 2000년대 후반의 미국발 금융위기의 원인이 연방준비제도(미국의 중앙은행)에 있고, 중앙은행을 폐지하고 정부의 화폐 발권력을 제한해야 앞으로 그러한 유형의 정부 실패를 더는 겪지 않을 수 있다고 주장한다. 한국 미제스 연구소 홈페이지에서 무료로 전자책을 읽을 수 있다.

바구스(Philipp Bagus)와 마르크바르트(Andreas Marquart)의 《왜 그들만 부자가 되는가》(Blind Robbery!)는 좌파가 자본주의 시장경제의 구조적 모순이라고 지적하는 양극화와 부익부 빈익빈의 진정한 원인이 중앙은행의 통화정책에 있다는 점을 폭로한다. 한국어판을 어렵지 않게 구할 수 있다.

서브프라임 모기지 사태의 기원을 추적하는 우즈(Thomas E. Woods, Jr.)의 《케인스가 죽어야 경제가 산다》(Meltdown) 역시 지난 2009년에 한국어로 번역·출판된 바 있으나 현재는 절판이라 구하기 어렵다.

마지막으로 오스트리아학파 경제학의 관점에서 비트코인을 설명하는 아모스의 《달러는 왜 비트코인을 싫어하는가》(The Bitcoin Standard) 그리고 《비트코인 화폐의 미래》(The Fiat Standard)도 언급할 가치가 있다. 만약 비트코인에 대한 이해가 전혀 없다면, 비트코인을 법정화폐로 채택한 엘살바도르에서 쓰이는 교과서 《비트코인 디플로마》(Bitcoin Diploma)를 참고하는 것이 최선이다.

3

리버테리어니즘과 아나코-캐피탈리즘

역사상 최고의 리버테리어니즘 입문서는 단연코 이 책의 저자인 라스바드가 쓴 《새로운 자유를 찾아서》(For a New Liberty)이다. 이 책에서 라스바드는 리버테리어니즘의 역사와 이론을 설명하고, 현행 사회문제를 해결하기 위한 해법을 제시하며 독자가 자연스럽게 리버테리어니즘을 받아들이도록 설득한다.

비록 한국어로 번역되지는 않았지만, 모리스 타네힐과 린다 타네힐(Morris and Linda Tannehill)이 쓴 《The Market for Liberty》는 《새로운 자유를 찾아서》보다도 먼저 출판된 책으로, 현대 아나코-캐피탈리스트 사회운동이 형성되는 데 결정적인 영향을 미친 중대한 책이다. 특히 이 책이 치안과 국방의 민영화 방안에 이바지한 바는 해당 분야 최고의 전문가인 호페가 인정할 정도로 결정적이다. 미국 미제스 연구소 홈페이지에서 무료로 전자책을 읽을 수 있다.

마찬가지로 번역이 되지 않은 휴버트(Jacob H. Huebert)의 《Libertarianism Today》는 《새로운 자유를 찾아서》 이후 출판된 여러 리버테리어니즘 입문서 중에서 가장 훌륭한 구성을 가진 책으로, 심지어 정신적인 후속작으로도 종종 평가받는다.

미제스의 가장 유명한 대중서《자유주의》(Liberalism)는 현대 리버테리언 사회운동의 첫 실마리를 제공하고, 경제학과 정치철학(윤리학)을 하나의 의제로 통합한 최고의 명저이다. 이 책의 모든 논의가 비록 아나코-캐피탈리즘에 이를 정도로 엄밀하게 완성된 것은 아니지만, 모든 사람이 국가로부터 분리·독립할 권리를 옹호할 정도로 급진적이고 일관성 있게 자유주의의 대의를 논증한다.

머피의《정치의 자본주의 비틀기》(The Politically Intorrect Guide to Capitalism)와 블락(Wlater Block)의《디펜딩 더 언디펜더블》(Defending the Undefendable)은 널리 퍼져있는 자본주의에 대한 왜곡들과 터무니없는 반시장적 거짓말들을 분석하고 반박한다. 전자는 시중에서 구할 수 있고 후자는 절판되었다.

호페의《자유주의자는 무엇을 해야 하는가》(What Must Be Done)는 현대 민주정 국가의 본질을 해부하고, '아래로부터의(bottom-up)' 리버테리언 혁명을 위한 전략을 제시한다. 한국 미제스 연구소 홈페이지에서 무료로 읽을 수 있다.

론 폴의《정의된 자유》(Libert Defined)는 자유의 수호자 론 폴이 각종 사회적 이슈에 대한 리버테리언의 관점을 일반인이 알기 쉽게 일목요연하게 정리한 책이다.

이어서 매우 중요하고 민감한 두 주제에 대한 리버테리언의 견해를 잘 보여주는 책을 소개하고자 한다. 하나는 머피의《무질서의 국가에서 질서의 무정부로》(Chaos Theory)이다. 이 책은 국가 없는 아나코-캐피탈리스트 사회가 법과 치안을 잘 공급할 수 있고, 더 나아가 국가보다 효율적이고 합리적으로 그렇게 할 수 있다는 리버테리언들의 주장의 근거를 요약해서 보여준다. 한국 미제스 연구소 홈페이지에서 전자책을 무료로 열람할 수 있다.

다른 하나는 법학자이자 변호사인 킨젤라(Stephan Kinsella)의 《Against Intellectual Property》이다. 이 책은 리버테리언들이 지적 재산권, 특허, 그리고 저작권 등의 완전한 폐지를 반드시 옹호해야만 한다고 주장한다. 지적 재산권에 반대하는 것은 리버테리어니즘에 있어서 다른 무엇보다도 가장 중요하다고 할 수 있을 정도인데, 지적 재산권 자체가 정당하게 성립할 수 없고 단지 국가권력의 아주 강력한 특권 부여로만 형성되는 '가짜' 재산권이기 때문이다. 그리고 '가짜' 재산권은 언제나 진정한 재산권에 대한 중대한 위협이라는 점(예컨대, 경제위기 역시 중앙은행이 진짜 화폐에 대한 가짜 권리증서를 무제한으로 인쇄하면서 발생하는 것임)에서 지적 재산권에 맞선 반대는 매우 중요한 것이다. 아직 한국어로 번역되지는 않았다. 킨젤라는 이 책을 포함하여 자신의 다른 지적 재산권 비판 에세이들을 모아 《Copy this Book》이라는 하나의 책으로 편집하는 프로젝트를 추진하고 있다.

4

심화 학습을 위한 추천 도서

다음은 입문 수준에서는 난이도가 다소 높아 부적절하지만 오스트리아학파와 아나코-캐피탈리즘을 깊이 있게 이해하기 위해서 읽어야 하는 책들이다. 입문 리스트와 달리 한국어로 번역된 책들만 수록하였고 책에 대한 소개는 포함하지 않았다. 각 주제별로 특히 추천하는 책은 굵은 표시로 강조하였다. 추천은 해당 주제에서 딱 하나의 책만 읽어야 한다면 난이도, 분량, 구성 등을 고려했을 때 가장 적절하다고 판단되는 책을 선정하였다. 한국 미제스 연구소 홈페이지에서 무료로 읽을 수 있는 경우는 *로 표시하였다.

리버테리어니즘과 아나코-캐피탈리즘
라스바드, 《자유의 윤리》(*The Ethics of Liberty*)
스푸너, 《국가는 강도다》(*No Treason*)
오펜하이머(Franz Oppenheimer), 《국가》(*The State*)
호페, 《민주주의는 실패한 신인가》(*Democracy: The God that Failed*)

오스트리아학파 경제학의 핵심

라스바드, 《인간, 경제, 국가》(Man, Economy, and State)

* 멩거, 《국민경제학의 기본원리》(Principles of Economics)

미제스, 《인간행동》(Human Action)

경기변동이론과 화폐이론

* 데소토, 《화폐, 은행신용, 경기변동》(Money, Bank Credit, and Economic Cycles)

미제스, 《화폐와 신용의 이론》(The Theory of Money and Credit)

* **전용덕, 《경기변동이론과 응용》** 이 책의 1부인 《오스트리아학파의 경기변동이론과 화폐·금융제도》를 무료로 읽을 수 있다.

에벨링, 《오스트리아학파의 경기변동이론》(The Austrian Theory of Trade Cycle)

사회주의

미제스, 《사회주의》(Socialism)

* 호페, 《사회주의와 자본주의》(Theory of Socialism and Capitalism)

간섭주의

미제스, 《개입주의》(Interventionism)

미제스, 《경제적 자유와 간섭주의》(Economic Freedom and Interventionism)

미제스, 《관료제》(Bureaucracy)

* 미제스, 《자본주의 정신과 반자본주의 심리》(The Anti-Capitalistic Mentality)

미제스, 《자유를 위한 계획이란 없다》(Planning for Freedom)

이승모, 《독점은 사악한가》

역사

전용덕, 《국가주의 시대의 경제와 사회》

전용덕, 《식민지 근대화의 실상》

전용덕, 《신분제와 자본주의 이전 사회》

인식론

미제스, 《경제과학의 궁극적 기초》(The Ultimate Foundation of Economic Science)

미제스, 《경제학의 인식론적 문제들》(Epistemological Problems of Economics)

미제스, 《과학이론과 역사학》(Theory and History)

전용덕, 《경제학과 역사학》

한국어로 번역된 책 중에서 이 목록에 등재되지 않은 것들도 상당수이고, 영어로 쓰인 책과 논문까지 고려한다면 이 목록은 정말 아무것도 아니라고 말할 수 있을 정도이다. 그러나, 이 목록에 기재된 책들만으로도 오스트리아학파와 리버테리어니즘을 공부하는 데 필요한 기본적 지침을 제시하는 것은 충분하다고 생각한다. 더 많은 정보가 필요하다면,

한국 미제스 연구소 홈페이지에 방문하여 찾아보거나 1 대 1 문의를 보내는 것을 추천한다.

옮긴이 소개

김경훈

1997년 경상남도 진해에서 태어났다. 경상국립대학교 철학과, 경희대학교 대학원 철학과에서 리버테리언 정치철학과 오스트리아학파를 공부하고 현재 서울대학교 대학원 과학학과에서 과학철학을 전공하고 있다. 한국 미제스 연구소 설립멤버로 참여하여 2022년까지 연구원으로 재직했다. 《국가의 해부》의 통찰을 2024년 윤석열 비상계엄 사태에 응용하는 글을 써서 미국 미제스 연구소(mises.org)와 류락웰닷컴(lewrockwell.com)에 기고하였다. 《국가의 해부》 외에 출판된 번역서로 라스바드의 《루트비히 폰 미제스: 삶과 업적의 핵심정리》(공역)가 있다.

한창헌

1995년 서울에서 출생했다. 중앙대학교 수학과를 졸업하고 현재 성균관대학교 번역·TESOL 대학원 번역학과에 재학 중이다. 한국 미제스 연구소 연구원이기도 하다.

전계운

1992년 충청북도 청주에서 태어났다. 충북대학교 정치외교학과를 졸업하였다. 2013년 국가주의 보수 정당인 새누리당(현 국민의 힘 전신)에 입당하여 정치활동을 하던 중 한 학술모임에서 리버테리어니즘을 접하고 논리성과 일관성에 큰 감명을 받아 리버테리언으로 전향했다. 새누리당 탈당 이후 리버테리언 사회운동을 시작하였고 그 일환으로 국제 리버테리언 학생단체인 Students For Liberty Korea를 설립한 후 대표직(2015-2019)을 역임했다. 대표직 사임 후 현재는 비영리단체인 한국 미제스 연구소 대표직을 역임하고 있다. 번역시로는 《왜 자유인가》, 《우리는 왜 매번 경제위기를 겪어야 하는가?》(공역)가 있고 주요 공동 저서로는 《Libertarian Autobiographies: Moving Toward Freedom in Today's World》가 있다.